הגדה של פסח

PASSOVER HAGGADAH

Illustrated by Peter'G

gefen גפן
publishing house בית הוצאה לאור
JERUSALEM • NEW YORK

Design: Peter O. Gandolfi

Layout: Marzel A.S. — Jerusalem

ISBN: 978-965-229-418-0

Edition   1 3 5 7 9 8 6 4 2

Gefen Publishing House Ltd.
6 Hatzvi St.
Jerusalem 94386, Israel
972–2–538–0247
orders@gefenpublishing.com

Gefen Books
600 Broadway
Lynbrook, NY 11563, USA
1–516–593–1234
orders@gefenpublishing.com

www.israelbooks.com

Printed in Israel

Send for our free catalogue

To my wife Emilia and
my son Miko

הקדמה

השבועות שלפני הסדר מאופיינים ב"תהו ובוהו" של עבודות הניקיון שאותן אנו חייבים לעבור בכל שנה לפני שמגיע ה"סֶדֶר" של ערב פסח. אני מוכרח להתוודות שמשהו מקביל קרה לי ביצירת הספר ובעריכתו.

הסדר מייצג "סֶדֶר" שונה שמורכב משילוב של תפילות, ברכות ונרטיב המסופר בטקס, המסמל ובמקביל יוצר הזדהות עם הזיכרון הקולקטיבי של יציאת מצרים. עלינו לשמוח בחגיגה זו שהרי הסדר מאוד ייחודי וחוויתי: אנו בני ישראל היוצאים ממצרים. אנו שואלים את הקושיות ואנו גם משיבים.

בהגדה זו הדגשתי את התמה המרכזית של הפסקה העיקרית בכל עמוד. האיורים ילוו את הקוראים לאורך הטקסט, ובעזרת הבועות יהיו מסוגלים להזדהות עם הילדים שבספר. אני מקווה שתיהנו מהילדים כפי שנהניתי ליצור אותם. ודבר אחרון אך לא פחות חשוב, אני מקווה שתשכחו שעדיין נותרו עוד כמה עמודים לפני שהמארח יגיש לנו את המנה הראשונה, את המרור הטבול בחרוסת בתוך שתי חתיכות מצה. חג שמח!

Introduction

The weeks preceding the Seder are characterized by the *tohu va'vohu* (primordial chaos) of the cleaning, something we have to go through each year before achieving the *seder* (order) of the Passover evening. I must confess that something very analogous has happened in the creation and in the editing of this book.

The Seder represents a different kind of "order" and is composed of a combination of prayers, blessings and narrative in the form of a ceremony, which symbolizes and simultaneously creates identification with the collective memory of the Exodus. We should rejoice over every moment of this event, because the Seder is a unique and very profound emotional experience: we are the children of Israel coming out of Egypt. It is we who are asking the questions and it is also we who will give the answers.

On every page of this Haggadah, I have highlighted the central theme of the main passage. The illustrations will accompany the readers throughout the text, with the bubbles helping them to identify themselves with the children in the book. I hope you will enjoy the children as much as I did in creating them. And, last but not least, I hope you will forget that there are still a few more pages left before our host serves us the first bite of the bitter herbs, dipped in haroset, between two pieces of matzah. Hag Sameah! Happy Passover!

בְּדִיקַת חָמֵץ

בלילה שלפני ערב הפסח, מיד אחר תפילת ערבית, בודקים את החמץ בבית. כדי לוודא שהברכה לא תאמר לשווא, נהוג לפזר מספר חתיכות של חמץ, בדרך כלל עשר, במספר מקומות שונים בבית ולחפש אחריהן.

לפני הבדיקה, הדלק נר ואמור את הברכה:

בָּרוּךְ אַתָּה יְיָ אֱלֹהֵינוּ מֶלֶךְ הָעוֹלָם, אֲשֶׁר קִדְּשָׁנוּ בְּמִצְוֹתָיו, וְצִוָּנוּ עַל בִּעוּר חָמֵץ.

לאחר הבדיקה אמור:

כָּל חֲמִירָא וַחֲמִיעָה דְּאִכָּא בִרְשׁוּתִי דְּלָא חֲמִתֵּהּ וּדְלָא בִעַרְתֵּהּ וּדְלָא יְדַעְנָא לֵהּ לִבָּטֵל וְלֶהֱוֵי הֶפְקֵר כְּעַפְרָא דְאַרְעָא.

בִּעוּר חָמֵץ

בבוקר של ערב פסח, שורפים את החמץ ואומרים:

כָּל חֲמִירָא וַחֲמִיעָה דְּאִכָּא בִרְשׁוּתִי דַּחֲזִיתֵהּ וּדְלָא חֲזִיתֵהּ, דַּחֲמִיתֵהּ וּדְלָא חֲמִיתֵהּ, דְּבִעַרְתֵּהּ וּדְלָא בִעַרְתֵּהּ, לִבָּטֵל וְלֶהֱוֵי הֶפְקֵר כְּעַפְרָא דְאַרְעָא.

Searching for the Leaven

On the night before Passover Eve, immediately after the Maariv evening service, all the leaven in the home is searched out and collected. To make sure that the blessing is not said in vain, a few pieces, usually ten, are placed in various parts of the house and searched out. Before the search, light a candle and say the following blessing:

Be blessed, God, our God, King of the universe, Who has sanctified us by His commandments and commanded us concerning the removal of leaven.

After the search say:

Let any leaven within the precinct of my home, even if I may not have seen and removed it, be considered null and void and as public property, like the dust of the earth.

Burning the Leaven

On the following morning burn the leaven and say:

Let any leaven within the precincts of my home, whether I have seen it or not, whether I have removed it or not, be considered null and void as public property, like the dust of the earth.

חוקי הכנת השולחן

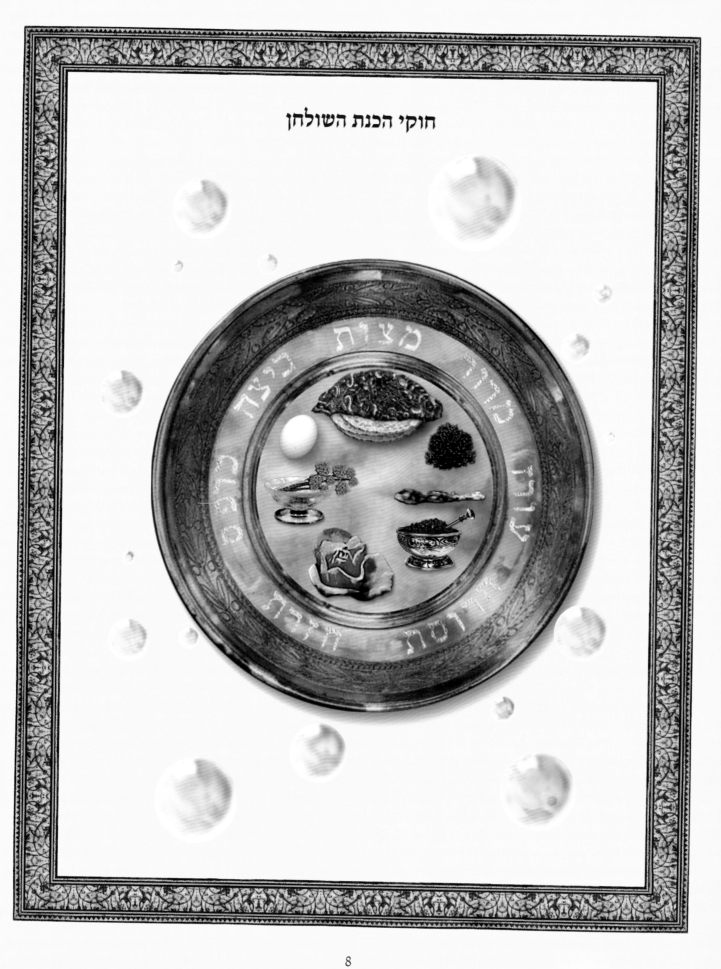

8

Rules for Preparing the Table

The Seder dish is prepared as follows:

THREE MATZOT are placed between three separate folds of a white cloth in a way that no two matzot are touching.

GREENS: parsley, chervil, celery and the like.

A little basin of vinegar or **SALTWATER**.

BITTER HERBS: horseradish, endive lettuce and the like.

HAROSET: apples, almonds and nuts minced and made into a paste with wine.

The **SHANK BONE** of a lamb.

A **ROASTED EGG**.

עֵרוּב תַּבְשִׁילִין

בָּרוּךְ אַתָּה יְיָ אֱלֹהֵינוּ מֶלֶךְ הָעוֹלָם, אֲשֶׁר קִדְּשָׁנוּ בְּמִצְוֹתָיו, וְצִוָּנוּ עַל מִצְוַת עֵרוּב.

בַּהֲדֵין עֵרוּבָא יְהֵא שָׁרֵא לָנָא לַאֲפוּיֵי וּלְבַשּׁוּלֵי וּלְאַטְמוּנֵי וּלְאַדְלוּקֵי שְׁרָגָא וּלְתַקָּנָא וּלְמֶעְבַּד כָּל צָרְכָנָא, מִיּוֹמָא טָבָא לְשַׁבַּתָּא [לָנוּ וּלְכָל יִשְׂרָאֵל הַדָּרִים בָּעִיר הַזֹּאת].

הדלקת נרות

בערב הראשון והאחרון של החג מברכים:

בָּרוּךְ אַתָּה יְיָ אֱלֹהֵינוּ מֶלֶךְ הָעוֹלָם, אֲשֶׁר קִדְּשָׁנוּ בְּמִצְוֹתָיו, וְצִוָּנוּ לְהַדְלִיק נֵר שֶׁל (לשבת שַׁבָּת וְשֶׁל) יוֹם טוֹב.

ביום טוב ובליל הסדר מוסיפים:

בָּרוּךְ אַתָּה יְיָ, אֱלֹהֵינוּ מֶלֶךְ הָעוֹלָם, שֶׁהֶחֱיָנוּ וְקִיְּמָנוּ וְהִגִּיעָנוּ לַזְּמַן הַזֶּה:

Eruv

Be blessed, God, our God, King of the universe, Who has sanctified us by His commandments and commanded us concerning the precept of eruv.

With this eruv may we be permitted to bake, cook, keep warm, kindle fire, prepare and do anything necessary on the holiday for the Sabbath (for ourselves and for all Jews who live in this city).

Lighting the Candles

On the first and last night(s) of the festival:

Be blessed, God, our God, King of the universe, Who has sanctified us by His commandments and commanded us to kindle the light (of the Sabbath and of) the Festival.

On the seder night(s) we also say:

Be blessed, God, our God, King of the universe, for keeping us alive, and sustaining us, and enabling us to reach this occasion.

הסדר

קַדֵּשׁ
וּרְחַץ
כַּרְפַּס
יַחַץ
מַגִּיד
רָחְצָה
מוֹצִיא מַצָּה
מָרוֹר
כּוֹרֵךְ
שֻׁלְחָן עוֹרֵךְ
צָפוּן
בָּרֵךְ
הַלֵּל
נִרְצָה

The Seder

The person conducting the Seder opens with the following explanation of the order
— which is what the Hebrew word *seder* means — of the Passover night service.

KADESH	Inaugurate the festival over wine
U'REHATZ	Rinse the hands without saying the blessing
KARPAS	Eat vegetables dipped in saltwater or vinegar
YAHATZ	Split the middle matzah
MAGGID	Recite the Haggadah
RAHTZA	Rinse the hands and say the blessing
MOTZI MATZAH	Say the bread blessing and the matzah blessing
MAROR	Eat the bitter herb
KORECH	Eat the bitter-herb sandwich
SHULHAN ORECH	Eat the festival meal
TZAFUN	Eat the afikoman
BARECH	Say the Grace after Meals
HALLEL	Chant the "Hallel" praise and thanksgiving Psalms
NIRTZA	Pray that God accept our service and prayer

קַדֵּשׁ

מוזגים כוס ראשונה, כל המסובין עומדים והמקדש מחזיק את הכוס ביד ימין.

הִנְנִי מוּכָן וּמְזֻמָּן לְקַיֵּם מִצְוַת כּוֹס רִאשׁוֹנָה מֵאַרְבַּע כּוֹסוֹת לְשֵׁם יִחוּד קֻדְשָׁא בְּרִיךְ הוּא וּשְׁכִינְתֵּיהּ עַל יְדֵי הַהוּא טָמִיר וְנֶעְלָם בְּשֵׁם כָּל־יִשְׂרָאֵל.

כשחל בערב שבת מתחילים כאן.

וַיְהִי עֶרֶב וַיְהִי בֹקֶר יוֹם הַשִּׁשִּׁי, וַיְכֻלּוּ הַשָּׁמַיִם וְהָאָרֶץ וְכָל־צְבָאָם: וַיְכַל אֱלֹהִים בַּיּוֹם הַשְּׁבִיעִי, מְלַאכְתּוֹ אֲשֶׁר עָשָׂה, וַיִּשְׁבֹּת בַּיּוֹם הַשְּׁבִיעִי, מִכָּל־מְלַאכְתּוֹ אֲשֶׁר עָשָׂה: וַיְבָרֶךְ אֱלֹהִים אֶת־יוֹם הַשְּׁבִיעִי, וַיְקַדֵּשׁ אֹתוֹ, כִּי בוֹ שָׁבַת מִכָּל־מְלַאכְתּוֹ, אֲשֶׁר־בָּרָא אֱלֹהִים לַעֲשׂוֹת:

כשחל בערב חול מתחילים כאן.

סַבְרִי מָרָנָן וְרַבָּנָן וְרַבּוֹתַי:

בָּרוּךְ אַתָּה יְיָ, אֱלֹהֵינוּ מֶלֶךְ הָעוֹלָם, בּוֹרֵא פְּרִי הַגָּפֶן:

בָּרוּךְ אַתָּה יְיָ, אֱלֹהֵינוּ מֶלֶךְ הָעוֹלָם, אֲשֶׁר בָּחַר בָּנוּ מִכָּל־עָם, וְרוֹמְמָנוּ מִכָּל־לָשׁוֹן, וְקִדְּשָׁנוּ בְּמִצְוֹתָיו, וַתִּתֶּן־לָנוּ יְיָ אֱלֹהֵינוּ בְּאַהֲבָה (לשבת שַׁבָּתוֹת לִמְנוּחָה וּ)מוֹעֲדִים לְשִׂמְחָה, חַגִּים וּזְמַנִּים לְשָׂשׂוֹן אֶת־יוֹם (לשבת הַשַּׁבָּת הַזֶּה וְאֶת־יוֹם) חַג הַמַּצּוֹת הַזֶּה. זְמַן חֵרוּתֵנוּ, (לשבת בְּאַהֲבָה,) מִקְרָא קֹדֶשׁ, זֵכֶר לִיצִיאַת מִצְרָיִם. כִּי בָנוּ בָחַרְתָּ וְאוֹתָנוּ קִדַּשְׁתָּ מִכָּל־הָעַמִּים. (לשבת וְשַׁבָּת) וּמוֹעֲדֵי קָדְשֶׁךָ (לשבת בְּאַהֲבָה וּבְרָצוֹן) בְּשִׂמְחָה וּבְשָׂשׂוֹן הִנְחַלְתָּנוּ: בָּרוּךְ אַתָּה יְיָ, מְקַדֵּשׁ (לשבת הַשַּׁבָּת וְ)יִשְׂרָאֵל וְהַזְּמַנִּים:

KADESH

Pour the first cup, everybody stands, recite the Kiddush holding the cup in the upraised palm of the right hand.

On Friday night begin here.

And there was evening and there was morning, the sixth day. *(Genesis 1:31)* Heaven and earth were completed, and their entire host. On the seventh day God completed all the work He had been doing, and God blessed the seventh day and declared it holy, because on it He desisted from all the work of creation He had done. *(Genesis 2:1–3)*

On weekday nights begin here.

By your leave, masters, teachers and gentlemen:

Be blessed, God, our God, King of the universe,
Creator of the fruit of the vine.

The passages in parentheses are said only on Friday night.

Be blessed, God, our God, King of the universe, Who chose us out of all the peoples, exalted us above all tongues, and sanctified us by His commandments. And lovingly You gave us, God, our God, (Sabbaths for rest and) set times for celebration, festivals and occasions for rejoicing, this (Sabbath day and this) Matzot Festival, and this holiday, this holy convocation, the occasion of our liberation (with love): a holy convocation in remembrance of the Exodus from Egypt. Indeed, You chose us and sanctified us from among all the peoples, (and Sabbaths) and Your holy set-times (lovingly and gladly,) happily and joyously did You bequeath to us. Be blessed, God, Who sanctifies (the Sabbath and) Israel and the festivals.

כשחל יו"ט במוצאי שבת מוסיפים כאן ברכות הבדלה:

בָּרוּךְ אַתָּה יְיָ, אֱלֹהֵינוּ מֶלֶךְ הָעוֹלָם, בּוֹרֵא מְאוֹרֵי הָאֵשׁ:

בָּרוּךְ אַתָּה יְיָ, אֱלֹהֵינוּ מֶלֶךְ הָעוֹלָם, הַמַּבְדִּיל בֵּין קֹדֶשׁ לְחֹל בֵּין אוֹר לְחֹשֶׁךְ, בֵּין יִשְׂרָאֵל לָעַמִּים, בֵּין יוֹם הַשְּׁבִיעִי לְשֵׁשֶׁת יְמֵי הַמַּעֲשֶׂה. בֵּין קְדֻשַּׁת שַׁבָּת לִקְדֻשַּׁת יוֹם טוֹב הִבְדַּלְתָּ. וְאֶת־יוֹם הַשְּׁבִיעִי מִשֵּׁשֶׁת יְמֵי הַמַּעֲשֶׂה קִדַּשְׁתָּ. הִבְדַּלְתָּ וְקִדַּשְׁתָּ אֶת־עַמְּךָ יִשְׂרָאֵל בִּקְדֻשָּׁתֶךָ. **בָּרוּךְ אַתָּה** יְיָ, הַמַּבְדִּיל בֵּין קֹדֶשׁ לְקֹדֶשׁ:

ברכה זו נאמרת תמיד:

בָּרוּךְ אַתָּה יְיָ, אֱלֹהֵינוּ מֶלֶךְ הָעוֹלָם, שֶׁהֶחֱיָנוּ וְקִיְּמָנוּ וְהִגִּיעָנוּ לַזְּמַן הַזֶּה:

שותים כוס ראשונה בהסיבה.

וּרְחַץ

נוטלים ידיים ואין מברכים על נטילת ידיים.

כַּרְפַּס

לוקחים כרפס פחות מכזית ומטבילים במי־מלח ומברכים:

בָּרוּךְ אַתָּה יְיָ, אֱלֹהֵינוּ מֶלֶךְ הָעוֹלָם, בּוֹרֵא פְּרִי הָאֲדָמָה:

יַחַץ

עורך הסדר פורס את המצה האמצעית שבקערה לשני חלקים.
את החלק הקטן מניחים במקומו בין שתי המצות ואת החלק הגדול עוטפים במפית לאפיקומן.

If the Seder takes place on Saturday night, add the following two blessings:

Be blessed, God, our God, King of the universe, Creator of the firelights.

Be blessed, God, our God, King of the universe, Who distinguishes between the holy and the commonplace, between light and darkness, between Israel and the other peoples, between the seventh day and the six workdays. You have distinguished between the sanctity of the Sabbath and holiday sanctity, and the seventh day You declared holy above the six workdays. You set apart and hallowed Your people, Israel, with Your holiness. **Be blessed**, God, Who distinguishes between one sanctity and another sanctity.

The following blessing is always said:

Be blessed, God, our God, King of the universe, for keeping us alive, and sustaining us, and enabling us to reach this occasion.

Drink the first cup, reclining.

U'REHATZ

Rinse the hands without saying the blessing.

KARPAS

Dip vegetable in saltwater or vinegar and say the following blessing before eating:

Be blessed, God, our God, King of the universe, creator of the fruit of the soil.

YAHATZ

Split the middle matzah; leave the smaller piece in its place between two whole matzot and wrap the larger piece in a napkin for the Afikoman.

מַגִּיד

מגביהים את הקערה ומתחילים באמירת ההגדה:

הָא לַחְמָא

עַנְיָא דִּי אֲכָלוּ אַבְהָתָנָא בְּאַרְעָא דְמִצְרָיִם. כָּל דִּכְפִין יֵיתֵי וְיֵיכוֹל, כָּל דִּצְרִיךְ יֵיתֵי וְיִפְסַח. הַשַּׁתָּא הָכָא, לְשָׁנָה הַבָּאָה בְּאַרְעָא דְיִשְׂרָאֵל. הַשַּׁתָּא עַבְדֵי, לְשָׁנָה הַבָּאָה בְּנֵי חוֹרִין:

MAGGID

Lift the Seder tray and say:

This is the poverty bread

that our ancestors ate in Egypt. Let anyone who is hungry enter and eat; let anyone who is needy enter and join us in our Passover feast. This year we are here; next year may we be in the Land of Israel. This year we are slaves; next year may we be free people.

מניחים את הקערה, מוזגים כוס שניה והצעיר מבין המסובים שואל:

מַה נִּשְׁתַּנָּה

הַלַּיְלָה הַזֶּה מִכָּל הַלֵּילוֹת?

שֶׁבְּכָל הַלֵּילוֹת אָנוּ אוֹכְלִין חָמֵץ וּמַצָּה. הַלַּיְלָה הַזֶּה כֻּלּוֹ מַצָּה:

שֶׁבְּכָל הַלֵּילוֹת אָנוּ אוֹכְלִין שְׁאָר יְרָקוֹת הַלַּיְלָה הַזֶּה מָרוֹר:

שֶׁבְּכָל הַלֵּילוֹת אֵין אָנוּ מַטְבִּילִין אֲפִילוּ פַּעַם אֶחָת. הַלַּיְלָה הַזֶּה שְׁתֵּי פְעָמִים:

שֶׁבְּכָל הַלֵּילוֹת אָנוּ אוֹכְלִין בֵּין יוֹשְׁבִין וּבֵין מְסֻבִּין. הַלַּיְלָה הַזֶּה כֻּלָּנוּ מְסֻבִּין:

20

Replace the tray on the table, pour the second cup of wine, and the youngest participant asks:

Why is this night different from all nights?

Why, on all other nights, do we eat either unleavened bread or matzah, but tonight we eat only matzah?

Why, on all other nights, do we eat all kinds of vegetables, but tonight we make a special point of eating bitter herbs?

Why, on all other nights, do we not make a point of dipping at all, but tonight we make a point of dipping twice?

Why, on all other nights, do we eat either sitting up or reclining, but tonight we all make a point of reclining?

עֲבָדִים הָיִינוּ

לְפַרְעֹה בְּמִצְרָיִם. וַיּוֹצִיאֵנוּ יְיָ אֱלֹהֵינוּ מִשָּׁם, בְּיָד חֲזָקָה וּבִזְרֹעַ נְטוּיָה, וְאִלּוּ לֹא הוֹצִיא הַקָּדוֹשׁ בָּרוּךְ הוּא אֶת־אֲבוֹתֵינוּ מִמִּצְרַיִם, הֲרֵי אָנוּ וּבָנֵינוּ וּבְנֵי בָנֵינוּ, מְשֻׁעְבָּדִים הָיִינוּ לְפַרְעֹה בְּמִצְרָיִם. וַאֲפִילוּ כֻּלָּנוּ חֲכָמִים, כֻּלָּנוּ נְבוֹנִים, כֻּלָּנוּ זְקֵנִים, כֻּלָּנוּ יוֹדְעִים אֶת־הַתּוֹרָה, מִצְוָה עָלֵינוּ לְסַפֵּר בִּיצִיאַת מִצְרָיִם. וְכָל הַמַּרְבֶּה לְסַפֵּר בִּיצִיאַת מִצְרַיִם, הֲרֵי זֶה מְשֻׁבָּח:

22

Uncover the matzot and say:

We were Pharaoh's slaves

in Egypt, and God, our God, took us out of there with a strong hand and outstretched arm. If the Blessed Holy One had not taken our ancestors out of Egypt, we, our children and our children's children would still be enslaved to Pharaoh in Egypt. And even if all of us were wise, even if all of us were clever, even if all of us were sages, even if all of us knew the Torah — we would still be in duty bound to talk about the Exodus from Egypt. And the more you elaborate on the story of the Exodus from Egypt, the more praiseworthy you are.

מַעֲשֶׂה

בְּרַבִּי אֱלִיעֶזֶר, **וְרַבִּי יְהוֹשֻׁעַ**, **וְרַבִּי אֶלְעָזָר** בֶּן־עֲזַרְיָה, **וְרַבִּי עֲקִיבָא**, **וְרַבִּי טַרְפוֹן**, שֶׁהָיוּ מְסֻבִּין בִּבְנֵי־בְרַק, וְהָיוּ מְסַפְּרִים בִּיצִיאַת מִצְרַיִם, כָּל־אוֹתוֹ הַלַּיְלָה, עַד שֶׁבָּאוּ תַלְמִידֵיהֶם וְאָמְרוּ לָהֶם: רַבּוֹתֵינוּ, הִגִּיעַ זְמַן קְרִיאַת שְׁמַע, שֶׁל שַׁחֲרִית:

אָמַר רַבִּי אֶלְעָזָר בֶּן־עֲזַרְיָה. הֲרֵי אֲנִי כְּבֶן שִׁבְעִים שָׁנָה, וְלֹא זָכִיתִי, שֶׁתֵּאָמֵר יְצִיאַת מִצְרַיִם בַּלֵּילוֹת. עַד שֶׁדְּרָשָׁהּ **בֶּן זוֹמָא**. שֶׁנֶּאֱמַר: לְמַעַן תִּזְכֹּר, אֶת יוֹם צֵאתְךָ מֵאֶרֶץ מִצְרַיִם, כֹּל יְמֵי חַיֶּיךָ. יְמֵי חַיֶּיךָ הַיָּמִים. כֹּל יְמֵי חַיֶּיךָ הַלֵּילוֹת. וַחֲכָמִים אוֹמְרִים: יְמֵי חַיֶּיךָ הָעוֹלָם הַזֶּה. כֹּל יְמֵי חַיֶּיךָ לְהָבִיא לִימוֹת הַמָּשִׁיחַ:

בָּרוּךְ הַמָּקוֹם, בָּרוּךְ הוּא. בָּרוּךְ שֶׁנָּתַן תּוֹרָה לְעַמּוֹ יִשְׂרָאֵל, **בָּרוּךְ הוּא.**

It is told

about **Rabbi Eliezer**, **Rabbi Yehoshua**, **Rabbi Elazar** son of Azaria, **Rabbi Akiva** and **Rabbi Tarfon**: One Passover night they were reclining together in Bnei Brak talking about the Exodus from Egypt. This went on all night, till their disciples came and said to them: "Masters, it is time to recite the morning Sh'ma."

Rabbi Elazar son of Azariah said: Here I am like seventy years old, yet I never understood why the story about the Exodus from Egypt should be recited at night until **Ben Zoma** explained it on the basis of the verse *(Deuteronomy 16:3)* "So that you shall remember the day of your departure from Egypt all the days of your life." If it had been written "the days of your life," it would have meant the days only; but "all the days of your life" means the nights, too. The other Sages explain "all" to mean the Messianic Era, in addition to "the days of the present time."

Blessed is the Omnipresent, blessed is He; blessed is the One Who gave the Torah to His people Israel — **may He be blessed**.

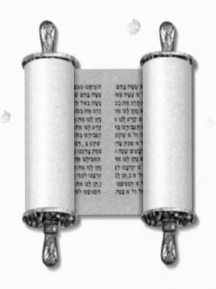

כְּנֶגֶד אַרְבָּעָה בָנִים דִּבְּרָה תוֹרָה:

אֶחָד חָכָם, וְאֶחָד רָשָׁע, וְאֶחָד תָּם, וְאֶחָד שֶׁאֵינוֹ יוֹדֵעַ לִשְׁאוֹל:

חָכָם

מַה הוּא אוֹמֵר?

מָה הָעֵדֹת וְהַחֻקִּים וְהַמִּשְׁפָּטִים, אֲשֶׁר צִוָּה יְיָ אֱלֹהֵינוּ אֶתְכֶם? וְאַף אַתָּה אֱמָר־לוֹ כְּהִלְכוֹת הַפֶּסַח: אֵין מַפְטִירִין אַחַר הַפֶּסַח אֲפִיקוֹמָן:

רָשָׁע

מַה הוּא אוֹמֵר?

מַה הָעֲבֹדָה הַזֹּאת לָכֶם? לָכֶם וְלֹא לוֹ. וּלְפִי שֶׁהוֹצִיא אֶת־עַצְמוֹ מִן הַכְּלָל, כָּפַר בְּעִקָּר. וְאַף אַתָּה הַקְהֵה אֶת־שִׁנָּיו, וֶאֱמָר־לוֹ: בַּעֲבוּר זֶה, עָשָׂה יְיָ לִי, בְּצֵאתִי מִמִּצְרָיִם, לִי וְלֹא־לוֹ. אִלּוּ הָיָה שָׁם, לֹא הָיָה נִגְאָל:

The Torah has four sons in mind:

the wise son; the wicked son; the simple son; and the son who does not know how to ask.

WISE SON

What does he say?

"What is the meaning of the precepts, statutes and laws that God, our God, has commanded you?" *(Deuteronomy 6:20)* You are to tell him the rules of Passover: "It is forbidden to conclude the Passover meal by announcing: Now to the afikoman!" *(Mishna Passahim 10:8)*

WICKED SON

What does he say?

"What is this service of yours?" *(Exodus 12:26)* Since he has said "of yours," thus excluding himself from the community of Jews, he has denied God. So you are to take the bite out of him by saying to him: "This commemorates what God did for me when I went out of Egypt!" *(Exodus 13:8)* — "for me," not for him; had he been there, he would not have been liberated.

תָּם

מַה הוּא אוֹמֵר?

מַה זֹּאת? וְאָמַרְתָּ אֵלָיו: בְּחֹזֶק יָד הוֹצִיאָנוּ יְיָ מִמִּצְרַיִם מִבֵּית עֲבָדִים:

וְשֶׁאֵינוֹ יוֹדֵעַ לִשְׁאוֹל,

אַתְּ פְּתַח לוֹ. שֶׁנֶּאֱמַר: וְהִגַּדְתָּ לְבִנְךָ, בַּיּוֹם הַהוּא לֵאמֹר: בַּעֲבוּר זֶה עָשָׂה יְיָ לִי, בְּצֵאתִי מִמִּצְרָיִם:

יָכוֹל מֵרֹאשׁ חֹדֶשׁ, תַּלְמוּד לוֹמַר בַּיּוֹם הַהוּא. אִי בַּיּוֹם הַהוּא. יָכוֹל מִבְּעוֹד יוֹם. תַּלְמוּד לוֹמַר. בַּעֲבוּר זֶה. בַּעֲבוּר זֶה לֹא אָמַרְתִּי, אֶלָּא בְּשָׁעָה שֶׁיֵּשׁ מַצָּה וּמָרוֹר מֻנָּחִים לְפָנֶיךָ:

SIMPLE SON

What does he say?

"What is this?" *(Exodus 13:14)* You are to tell him: "It was by might of hand that God took us out of Egypt, out of the land of slavery." *(Exodus 13:14)*

As for the

SON WHO DOES NOT KNOW HOW TO ASK

— you start him off, for it is written *(Exodus 13:8)*: "You shall tell your son that day, saying: 'This commemorates what God did for me when I went out of Egypt.'"

Why should the telling not begin on the first day of the month of Nissan in which the deliverance took place? Because the verse stresses "on that day," the day on which it began. In that case, should not the telling begin during the day? No, because the text stresses "this commemorates," and you cannot say "this" except when the matzah and bitter herbs are set before you.

29

מְתְּחִלָּה

עוֹבְדֵי עֲבוֹדָה זָרָה הָיוּ אֲבוֹתֵינוּ. וְעַכְשָׁו קֵרְבָנוּ הַמָּקוֹם לַעֲבוֹדָתוֹ. שֶׁנֶּאֱמַר: וַיֹּאמֶר יְהוֹשֻׁעַ אֶל־כָּל־הָעָם. כֹּה אָמַר יְיָ אֱלֹהֵי יִשְׂרָאֵל, בְּעֵבֶר הַנָּהָר יָשְׁבוּ אֲבוֹתֵיכֶם מֵעוֹלָם, תֶּרַח אֲבִי אַבְרָהָם וַאֲבִי נָחוֹר. וַיַּעַבְדוּ אֱלֹהִים אֲחֵרִים: וָאֶקַּח אֶת־אֲבִיכֶם אֶת־אַבְרָהָם מֵעֵבֶר הַנָּהָר, וָאוֹלֵךְ אוֹתוֹ בְּכָל־אֶרֶץ כְּנָעַן. וָאַרְבֶּה אֶת־זַרְעוֹ, וָאֶתֶּן לוֹ אֶת־יִצְחָק: וָאֶתֵּן לְיִצְחָק אֶת־יַעֲקֹב וְאֶת־עֵשָׂו. וָאֶתֵּן לְעֵשָׂו אֶת־הַר שֵׂעִיר, לָרֶשֶׁת אוֹתוֹ. וְיַעֲקֹב וּבָנָיו יָרְדוּ מִצְרָיִם:

בָּרוּךְ שׁוֹמֵר הַבְטָחָתוֹ לְיִשְׂרָאֵל, **בָּרוּךְ** הוּא.

שֶׁהַקָּדוֹשׁ בָּרוּךְ הוּא חִשַּׁב אֶת־הַקֵּץ, לַעֲשׂוֹת כְּמָה שֶׁאָמַר לְאַבְרָהָם אָבִינוּ בִּבְרִית בֵּין הַבְּתָרִים, שֶׁנֶּאֱמַר: וַיֹּאמֶר לְאַבְרָם יָדֹעַ תֵּדַע, כִּי־גֵר יִהְיֶה זַרְעֲךָ, בְּאֶרֶץ לֹא לָהֶם, וַעֲבָדוּם וְעִנּוּ אֹתָם אַרְבַּע מֵאוֹת שָׁנָה: וְגַם אֶת־הַגּוֹי אֲשֶׁר יַעֲבֹדוּ דָּן אָנֹכִי. וְאַחֲרֵי כֵן יֵצְאוּ, בִּרְכֻשׁ גָּדוֹל:

Originally

our ancestors were idolators, but now the Omnipresent has drawn us to His service, as it is said *(Joshua 24:2–4)*: "Joshua then said to the entire people: 'This is the word of God, the God of Israel: Long ago your ancestors lived beyond the river (Euphrates) — Terah, Abraham's father and Nahor's father — and they worshipped other gods. But I took your father Abraham from beyond the river and led him though the whole Land of Canaan, and I gave him many descendants: I gave him Isaac, and to Isaac I gave Jacob and Esau. Then I gave Esau the hill country of Seir to posses, while Jacob and his children went down to Egypt.'"

Blessed be the One Who keeps His promise to Israel, **Blessed be** He.

For the Blessed Holy One predestined the end (of the Egyptian bondage), doing what he told our father Abraham in the Covenant Between the Sections, as it is said *(Genesis 15:13–14)*: "And He said to Abram: 'Know for certain that your descendants will be strangers in a land not theirs, and they (the host people) will enslave and oppress them (the Jews) for four hundred years. But I will also judge the nation they will serve, and in the end they will leave with great wealth.'"

מכסים את המצות ומגביהים את הכוס.

וְהִיא שֶׁעָמְדָה

לַאֲבוֹתֵינוּ וְלָנוּ. שֶׁלֹּא אֶחָד בִּלְבָד, עָמַד עָלֵינוּ לְכַלּוֹתֵנוּ. אֶלָּא שֶׁבְּכָל דּוֹר וָדוֹר, עוֹמְדִים עָלֵינוּ לְכַלּוֹתֵנוּ. וְהַקָּדוֹשׁ בָּרוּךְ הוּא מַצִּילֵנוּ מִיָּדָם:

מניחים את הכוס
ומגלים את המצות.

צֵא וּלְמַד, מַה בִּקֵּשׁ לָבָן הָאֲרַמִּי לַעֲשׂוֹת לְיַעֲקֹב אָבִינוּ. שֶׁפַּרְעֹה לֹא גָזַר אֶלָּא עַל הַזְּכָרִים, וְלָבָן בִּקֵּשׁ לַעֲקֹר אֶת־הַכֹּל, שֶׁנֶּאֱמַר: אֲרַמִּי אֹבֵד אָבִי, וַיֵּרֶד מִצְרַיְמָה, וַיָּגָר שָׁם בִּמְתֵי מְעָט. וַיְהִי שָׁם לְגוֹי גָּדוֹל, עָצוּם וָרָב:

Cover the matzot and raise the cup of wine.

And it is this which has stood

by our ancestors and us. For not just one has risen up to annihilate us; in every generation they rise up to annihilate us, but the Blessed Holy One saves us from them.

Put down the cup of wine and uncover the matzot.

Go and learn what Laban the Aramean intended to do to our father Jacob: Pharaoh decreed death only on the males, whereas Laban wanted to eradicate all, as it is said *(Deuteronomy 26:5)*: "The Aramean wanted to destroy my father. But he went down to Egypt and sojourned there — few in number. There he became a great, powerful and populous nation."

וַיֵּרֶד מִצְרַיְמָה

אָנוּס עַל פִּי הַדִּבּוּר.

וַיָּגָר שָׁם. מְלַמֵּד שֶׁלֹּא יָרַד יַעֲקֹב אָבִינוּ לְהִשְׁתַּקֵּעַ בְּמִצְרַיִם, אֶלָּא לָגוּר שָׁם, שֶׁנֶּאֱמַר: וַיֹּאמְרוּ אֶל־פַּרְעֹה, לָגוּר בָּאָרֶץ בָּאנוּ, כִּי אֵין מִרְעֶה לַצֹּאן אֲשֶׁר לַעֲבָדֶיךָ, כִּי כָבֵד הָרָעָב בְּאֶרֶץ כְּנָעַן. וְעַתָּה, יֵשְׁבוּ־נָא עֲבָדֶיךָ בְּאֶרֶץ גֹּשֶׁן:

בִּמְתֵי מְעָט. כְּמָה שֶׁנֶּאֱמַר: בְּשִׁבְעִים נֶפֶשׁ, יָרְדוּ אֲבֹתֶיךָ מִצְרָיְמָה. וְעַתָּה, שָׂמְךָ יְיָ אֱלֹהֶיךָ, כְּכוֹכְבֵי הַשָּׁמַיִם לָרֹב.

וַיְהִי שָׁם לְגוֹי. מְלַמֵּד שֶׁהָיוּ יִשְׂרָאֵל מְצֻיָּנִים שָׁם:

גָּדוֹל, עָצוּם. כְּמָה שֶׁנֶּאֱמַר: וּבְנֵי יִשְׂרָאֵל, פָּרוּ וַיִּשְׁרְצוּ, וַיִּרְבּוּ וַיַּעַצְמוּ, בִּמְאֹד מְאֹד, וַתִּמָּלֵא הָאָרֶץ אֹתָם: וָרָב. כְּמָה שֶׁנֶּאֱמַר: רְבָבָה כְּצֶמַח הַשָּׂדֶה נְתַתִּיךְ, וַתִּרְבִּי, וַתִּגְדְּלִי, וַתָּבֹאִי בַּעֲדִי עֲדָיִים: שָׁדַיִם נָכֹנוּ, וּשְׂעָרֵךְ צִמֵּחַ, וְאַתְּ עֵרֹם וְעֶרְיָה: וָאֶעֱבֹר עָלַיִךְ וָאֶרְאֵךְ מִתְבּוֹסֶסֶת בְּדָמָיִךְ

וָאֹמַר לָךְ בְּדָמַיִךְ חֲיִי וָאֹמַר לָךְ בְּדָמַיִךְ חֲיִי.

He went down to Egypt

— compelled to do so by the word of God.

"And he sojourned there" — this teaches us that he did not go to settle in Egypt but only to sojourn there, as it is said *(Genesis 47:4)*: "And they said to Pharaoh: 'We have come to sojourn in the land, as there is no pasture for your servants' sheep, for the famine is severe in the Land of Canaan. Pray, then, let your servants stay in the Goshen region.'"

"Few in number" — as it is said *(Genesis 47:4)*: "Just seventy your ancestors numbered when they went down to Egypt; but now God, your God, has made you as numerous as the stars in the sky."

"There he became a nation" — as it is said *(Exodus 1:7)*: "But the Children of Israel were fertile and prolific: they increased and became very numerous and the land was full of them."

"And populous" — as it is said *(Ezekiel 16:7,6)*: "I caused you to increase like wild-flowers, and you throve and grew, and you came to full womanhood, your breasts fully fashioned, your hair grown — but you were still naked and exposed. Then I came by and saw you writhing helplessly in your own blood, and I said to you: In spite of your blood — live!

And I said to you: In spite of your blood — live!"

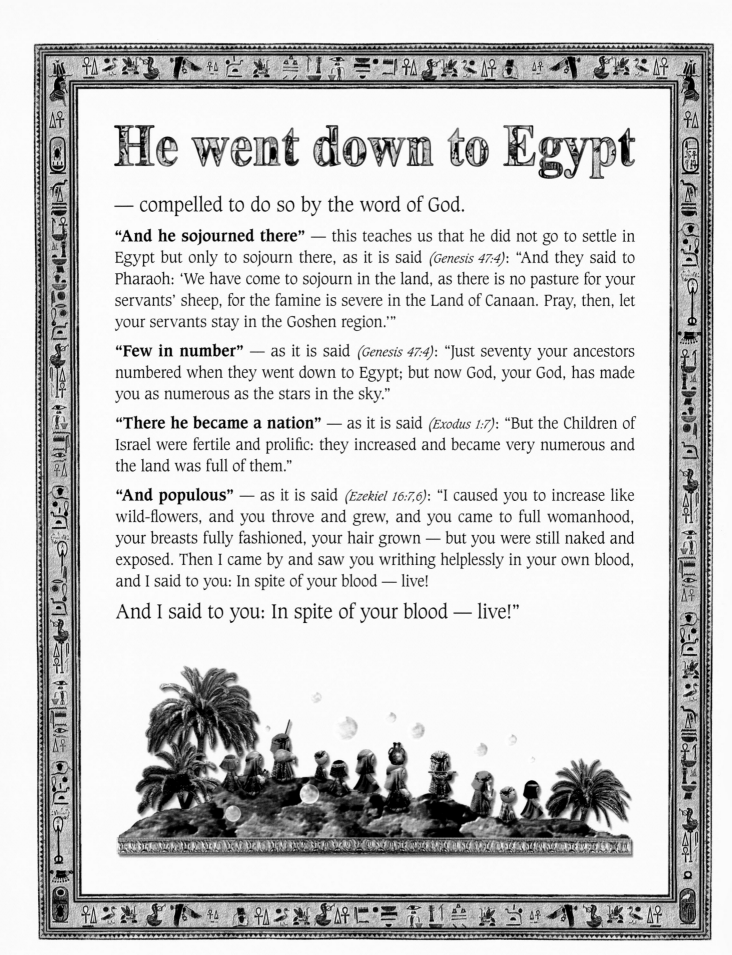

35

וַיָּרֵעוּ

אֹתָנוּ הַמִּצְרִים וַיְעַנּוּנוּ. וַיִּתְּנוּ עָלֵינוּ עֲבֹדָה קָשָׁה:

וַיָּרֵעוּ אֹתָנוּ הַמִּצְרִים. כְּמָה שֶׁנֶּאֱמַר: הָבָה נִתְחַכְּמָה לוֹ. פֶּן־יִרְבֶּה, וְהָיָה כִּי־תִקְרֶאנָה מִלְחָמָה, וְנוֹסַף גַּם הוּא עַל־שֹׂנְאֵינוּ, וְנִלְחַם־בָּנוּ וְעָלָה מִן־הָאָרֶץ:

וַיְעַנּוּנוּ. כְּמָה שֶׁנֶּאֱמַר: וַיָּשִׂימוּ עָלָיו שָׂרֵי מִסִּים, לְמַעַן עַנֹּתוֹ בְּסִבְלֹתָם: וַיִּבֶן עָרֵי מִסְכְּנוֹת לְפַרְעֹה, אֶת־פִּתֹם וְאֶת־רַעַמְסֵס:

וַיִּתְּנוּ עָלֵינוּ עֲבֹדָה קָשָׁה. כְּמָה שֶׁנֶּאֱמַר: וַיַּעֲבִדוּ מִצְרַיִם אֶת־בְּנֵי יִשְׂרָאֵל בְּפָרֶךְ:

וַנִּצְעַק אֶל־יְיָ אֱלֹהֵי אֲבֹתֵינוּ, וַיִּשְׁמַע יְיָ אֶת־קֹלֵנוּ, וַיַּרְא אֶת־עָנְיֵנוּ, וְאֶת־עֲמָלֵנוּ, וְאֶת לַחֲצֵנוּ: וַנִּצְעַק אֶל־יְיָ אֱלֹהֵי אֲבֹתֵינוּ, כְּמָה שֶׁנֶּאֱמַר: וַיְהִי בַיָּמִים הָרַבִּים הָהֵם, וַיָּמָת מֶלֶךְ מִצְרַיִם, וַיֵּאָנְחוּ בְנֵי יִשְׂרָאֵל מִן־הָעֲבֹדָה וַיִּזְעָקוּ. וַתַּעַל שַׁוְעָתָם אֶל־הָאֱלֹהִים מִן־הָעֲבֹדָה:

And
the Egyptians ill-treated us

and oppressed us, and they imposed hard labor on us.
(Deuteronomy 26:6)

"And the Egyptians ill-treated us" — as it is said *(Exodus 1:10)*: "Let us deal shrewdly with them and prevent them from increasing further, lest — if war breaks out — they join our enemies and fight against us, and take over the country."

"Oppressed us" — as it is said *(Exodus 1:11)*: "So they set taskmasters over them in order to oppress them with hard labor. And they built store-cities for Pharaoh: Pithom and Ramses."

"And they imposed hard labor on us" — as it is said *(Exodus 1:13)*: "And the Egyptians worked the Children of Israel ruthlessly."

"Then we cried out to God, the God of our fathers, and God heard our voice and He saw our ill-treatment, our hardship and our distress." *(Deuteronomy 26:7)* "Then we cried out to God, the God of our fathers" — as it is said *(Exodus 2:23)*: "Long after that, the King of Egypt died. But the Children of Israel were still in grinding slavery, and they cried out, and their outcry about their slavery reached God."

וַיִּשְׁמַע

יְיָ **אֶת־קֹלֵנוּ.** כְּמָה שֶׁנֶּאֱמַר: וַיִּשְׁמַע אֱלֹהִים אֶת־נַאֲקָתָם, וַיִּזְכֹּר אֱלֹהִים אֶת־בְּרִיתוֹ, אֶת־אַבְרָהָם, אֶת־יִצְחָק, וְאֶת־יַעֲקֹב:

וַיַּרְא

אֶת־עָנְיֵנוּ. זוֹ פְּרִישׁוּת דֶּרֶךְ אֶרֶץ. כְּמָה שֶׁנֶּאֱמַר: וַיַּרְא אֱלֹהִים אֶת־בְּנֵי יִשְׂרָאֵל. וַיֵּדַע אֱלֹהִים:

וְאֶת־עֲמָלֵנוּ. אֵלּוּ הַבָּנִים. כְּמָה שֶׁנֶּאֱמַר: כָּל־הַבֵּן הַיִּלּוֹד הַיְאֹרָה תַּשְׁלִיכֻהוּ, וְכָל־הַבַּת תְּחַיּוּן:

וְאֶת לַחֲצֵנוּ. זֶה הַדְּחַק. כְּמָה שֶׁנֶּאֱמַר: וְגַם־רָאִיתִי אֶת־הַלַּחַץ, אֲשֶׁר מִצְרַיִם לֹחֲצִים אֹתָם:

God heard our voice

— as it is said *(Exodus 2:24)*: "And God heard their groaning, and God remembered His covenant with Abraham, with Isaac and with Jacob."

And He saw

Our ill-treatment — this was a forced separation of husbands from their wives, as it is said *(Exodus 2:25)*: "And God saw the Children of Israel, and God knew."

"Our hardship" — this means the sons, as it is said *(Exodus 1:22)*: "Every newborn boy you shall throw into the Nile, but let every girl live."

"And our distress" — refers to the brutality, as it is said *(Exodus 3:9)*: "I have also seen the brutality with which the Egyptians are oppressing them."

וַיּוֹצִאֵנוּ

יְיָ מִמִּצְרַיִם, בְּיָד חֲזָקָה, וּבִזְרֹעַ נְטוּיָה, וּבְמֹרָא גָּדוֹל וּבְאֹתוֹת וּבְמוֹפְתִים:

וַיּוֹצִאֵנוּ יְיָ מִמִּצְרַיִם. לֹא עַל־יְדֵי מַלְאָךְ, וְלֹא עַל־יְדֵי שָׂרָף. וְלֹא עַל־יְדֵי שָׁלִיחַ. אֶלָּא הַקָּדוֹשׁ בָּרוּךְ הוּא בִּכְבוֹדוֹ וּבְעַצְמוֹ. שֶׁנֶּאֱמַר: וְעָבַרְתִּי בְאֶרֶץ מִצְרַיִם בַּלַּיְלָה הַזֶּה, וְהִכֵּיתִי כָל־בְּכוֹר בְּאֶרֶץ מִצְרַיִם, מֵאָדָם וְעַד בְּהֵמָה, וּבְכָל־אֱלֹהֵי מִצְרַיִם אֶעֱשֶׂה שְׁפָטִים אֲנִי יְיָ:

וְעָבַרְתִּי בְאֶרֶץ־מִצְרַיִם בַּלַּיְלָה הַזֶּה, אֲנִי וְלֹא מַלְאָךְ. וְהִכֵּיתִי כָל בְּכוֹר בְּאֶרֶץ־מִצְרַיִם. אֲנִי וְלֹא שָׂרָף. וּבְכָל־אֱלֹהֵי מִצְרַיִם אֶעֱשֶׂה שְׁפָטִים, אֲנִי וְלֹא הַשָּׁלִיחַ. אֲנִי יְיָ. אֲנִי הוּא וְלֹא אַחֵר:

And God brought us out of Egypt

with a strong hand and an outstretched arm and with terrifying deeds, and with signs and with portents. *(Deuteronomy 26:8)*

"And God brought us out of Egypt" — not through an angel, and not through a seraph, and not through a messenger, but the Blessed Holy One Himself, as it is said *(Exodus 12:2)*: "On that night I will pass through the land of Egypt and I will kill every firstborn in the land of Egypt, human and beast; on all the gods of Egypt I will execute judgment — I, God."

"On that night I will pass through the land of Egypt" — I, not an angel. "And I will kill every firstborn in the land of Egypt" — I, not a seraph. "On all the gods of Egypt I will execute judgment" — I, not a messenger. I, God — I am the one; nobody else.

בְּיָד חֲזָקָה. זוֹ הַדֶּבֶר. כְּמָה שֶׁנֶּאֱמַר: הִנֵּה יַד־יְיָ הוֹיָה, בְּמִקְנְךָ אֲשֶׁר בַּשָּׂדֶה, בַּסּוּסִים בַּחֲמֹרִים בַּגְּמַלִּים, בַּבָּקָר וּבַצֹּאן, דֶּבֶר כָּבֵד מְאֹד:

וּבִזְרֹעַ נְטוּיָה. זוֹ הַחֶרֶב. כְּמָה שֶׁנֶּאֱמַר: וְחַרְבּוֹ שְׁלוּפָה בְּיָדוֹ, נְטוּיָה עַל־יְרוּשָׁלָיִם:

וּבְמוֹרָא גָּדוֹל, זֶה גִּלּוּי שְׁכִינָה. כְּמָה שֶׁנֶּאֱמַר: אוֹ הֲנִסָּה אֱלֹהִים, לָבוֹא לָקַחַת לוֹ גוֹי מִקֶּרֶב גּוֹי, בְּמַסֹּת בְּאֹתֹת וּבְמוֹפְתִים וּבְמִלְחָמָה, וּבְיָד חֲזָקָה וּבִזְרוֹעַ נְטוּיָה, וּבְמוֹרָאִים גְּדֹלִים. כְּכֹל אֲשֶׁר־עָשָׂה לָכֶם יְיָ אֱלֹהֵיכֶם בְּמִצְרַיִם, לְעֵינֶיךָ:

וּבְאֹתוֹת. זֶה הַמַּטֶּה, כְּמָה שֶׁנֶּאֱמַר: וְאֶת הַמַּטֶּה הַזֶּה תִּקַּח בְּיָדֶךָ. אֲשֶׁר תַּעֲשֶׂה־בּוֹ אֶת־הָאֹתֹת:

וּבְמוֹפְתִים. זֶה הַדָּם. כְּמָה שֶׁנֶּאֱמַר: וְנָתַתִּי מוֹפְתִים, בַּשָּׁמַיִם וּבָאָרֶץ:

"With a strong hand" — this is the pestilence, as it is said *(Exodus 9:3)*: "Then God's hand will strike your grazing herds — and the horses, the asses, the camels, the cattle and the sheep — with a very severe pestilence."

"And an outstretched arm" — this is the sword, as it is said *(I Chronicles 21:16)*: "…with his sword drawn in his hand outstretched over Jerusalem."

"And with terrifying deeds" — this is the appearance of the Divine Presence, as it is said *(Deuteronomy 4:34)*: "Has a god ever ventured to come and take himself a nation from within another nation by miracles, by signs and portents, and by war, by a mighty hand and an outstretched arm and by great deeds of terror as God, your God, did for you in Egypt before your very eyes?"

"By signs" — this is the rod, as it is said *(Exodus 4:17)*: "And take along this rod with which you shall perform the signs."

"And with portents" — this is the blood, as it is said *(Joel 3:3)*: "I will show portents in the sky and on earth:

נוהגים להטיף מעט מן הכוס לתוך כלי בעת אמירת דם ואש ותמרות עשן, וגם באמירת עשר המכות.

דָּם. וָאֵשׁ. וְתִימְרוֹת עָשָׁן:

דָּבָר אַחֵר:

בְּיָד חֲזָקָה – שְׁתַּיִם.

וּבִזְרֹעַ נְטוּיָה – שְׁתַּיִם.

וּבְמוֹרָא גָּדוֹל – שְׁתַּיִם.

וּבְאֹתוֹת – שְׁתַּיִם.

וּבְמֹפְתִים – שְׁתַּיִם:

Spill three drops of wine into a bowl for blood, fire and pillars of smoke
and also at the mention of each of the ten plagues

"Blood and fire and pillars of smoke"

(Joel 3:3)

Another explanation:

"By a might hand" — two

"and an outstretched arm" — two

"and by great deeds of terror" — two

"by signs" — two

"and portents" — two.

אֵלּוּ עֶשֶׂר מַכּוֹת שֶׁהֵבִיא הַקָּדוֹשׁ בָּרוּךְ הוּא עַל־הַמִּצְרִים בְּמִצְרָיִם, וְאֵלּוּ הֵן:

These are ten plagues which the Blessed Holy One brought on the Egyptians in Egypt:

Blood

Frogs

Lice

Wild Beasts

Murrain

Boils

Hail

Locusts

Darkness

The Smiting of the First Born

רַבִּי יְהוּדָה הָיָה נוֹתֵן בָּהֶם סִמָּנִים:

דְּצַ״ךְ עֲדַ״שׁ בְּאַחַ״ב:

רַבִּי יוֹסֵי הַגְּלִילִי אוֹמֵר: מִנַּיִן אַתָּה אוֹמֵר, שֶׁלָּקוּ הַמִּצְרִים בְּמִצְרַיִם עֶשֶׂר מַכּוֹת, וְעַל הַיָּם, לָקוּ חֲמִשִּׁים מַכּוֹת? בְּמִצְרַיִם מַה הוּא אוֹמֵר: וַיֹּאמְרוּ הַחַרְטֻמִּם אֶל־פַּרְעֹה, אֶצְבַּע אֱלֹהִים הִוא.וְעַל הַיָּם מַה הוּא אוֹמֵר? וַיַּרְא יִשְׂרָאֵל אֶת־הַיָּד הַגְּדֹלָה, אֲשֶׁר עָשָׂה יְיָ בְּמִצְרַיִם, וַיִּירְאוּ הָעָם אֶת־יְיָ. וַיַּאֲמִינוּ בַּיְיָ, וּבְמשֶׁה עַבְדּוֹ. כַּמָּה לָקוּ בְּאֶצְבַּע, עֶשֶׂר מַכּוֹת: אֱמוֹר מֵעַתָּה, בְּמִצְרַיִם לָקוּ עֶשֶׂר מַכּוֹת, וְעַל־הַיָּם, לָקוּ חֲמִשִּׁים מַכּוֹת:

רַבִּי אֱלִיעֶזֶר אוֹמֵר: מִנַּיִן שֶׁכָּל־מַכָּה וּמַכָּה, שֶׁהֵבִיא הַקָּדוֹשׁ בָּרוּךְ הוּא עַל הַמִּצְרִים בְּמִצְרַיִם, הָיְתָה שֶׁל אַרְבַּע מַכּוֹת? שֶׁנֶּאֱמַר: יְשַׁלַּח־בָּם חֲרוֹן אַפּוֹ, עֶבְרָה וָזַעַם וְצָרָה. מִשְׁלַחַת מַלְאֲכֵי רָעִים. עֶבְרָה אַחַת. וָזַעַם שְׁתַּיִם. וְצָרָה שָׁלֹשׁ. מִשְׁלַחַת מַלְאֲכֵי רָעִים אַרְבַּע: אֱמוֹר מֵעַתָּה, בְּמִצְרַיִם לָקוּ אַרְבָּעִים מַכּוֹת, וְעַל הַיָּם לָקוּ מָאתַיִם מַכּוֹת:

רַבִּי עֲקִיבָא אוֹמֵר: מִנַּיִן שֶׁכָּל־מַכָּה וּמַכָּה, שֶׁהֵבִיא הַקָּדוֹשׁ בָּרוּךְ הוּא עַל הַמִּצְרִים בְּמִצְרַיִם, הָיְתָה שֶׁל חָמֵשׁ מַכּוֹת? שֶׁנֶּאֱמַר: יְשַׁלַּח־בָּם חֲרוֹן אַפּוֹ, עֶבְרָה וָזַעַם וְצָרָה. מִשְׁלַחַת מַלְאֲכֵי רָעִים. חֲרוֹן אַפּוֹ אַחַת. עֶבְרָה שְׁתַּיִם. וָזַעַם שָׁלֹשׁ. וְצָרָה אַרְבַּע. מִשְׁלַחַת מַלְאֲכֵי רָעִים חָמֵשׁ : אֱמוֹר מֵעַתָּה, בְּמִצְרַיִם לָקוּ חֲמִשִּׁים מַכּוֹת, וְעַל הַיָּם לָקוּ חֲמִשִּׁים וּמָאתַיִם מַכּוֹת:

Rabbi Yehuda made a mnemonic of them:

DeTZaKh ADaSH BeAHaV

Rabbi Yossé the Galilean says: How do you reckon that the Egyptians were smitten with ten plagues in Egypt and with fifty plagues on the sea? Concerning Egypt what does it say? "And the wizards said to Pharaoh: 'This is the finger of God!'" *(Exodus 8:15)* And concerning the sea what does it say? "And Israel saw the wondrous hand that God had wielded against the Egyptians, and the people feared God, and they put their trust in God and in His servant Moses." *(Exodus 14:31)* With how many plagues were they smitten with a finger? Ten plagues. Hence, in Egypt they were smitten with ten plagues, and on the sea they were smitten with fifty plagues.

Rabbi Eliezer says: How do we know that each plague that the Blessed Holy One brought on the Egyptians in Egypt consisted of four plagues? For it is said *(Psalms 78:49)*: "He loosed upon them His burning anger: wrath, and fury, and rage, a legation of evil messengers." "Wrath" — one. "And fury" — one. "And rage" — one. "A legation of evil messengers" — one. Hence, in Egypt they were smitten with forty plagues, and on the sea they were smitten with two hundred plagues.

Rabbi Akiva says: How do we know that each plague that the Blessed Holy One brought on the Egyptians in Egypt consisted of five plagues? For it is said *(Psalms 78:49)*: "He loosed upon them His burning anger, wrath, and fury, and rage, a legation of evil messengers." "His burning anger" — one. "Wrath" — two. "And fury" — three. "And rage" — four. "A legation of evil messengers" — five. Hence, in Egypt they were smitten with fifty plagues, and on the sea they were smitten with 250 plagues.

כַּמָּה מַעֲלוֹת

טוֹבוֹת לַמָּקוֹם עָלֵינוּ:

אִלּוּ הוֹצִיאָנוּ מִמִּצְרַיִם, וְלֹא עָשָׂה בָהֶם שְׁפָטִים, דַּיֵּנוּ:

אִלּוּ עָשָׂה בָהֶם שְׁפָטִים, וְלֹא עָשָׂה בֵאלֹהֵיהֶם, דַּיֵּנוּ:

אִלּוּ עָשָׂה בֵאלֹהֵיהֶם, וְלֹא הָרַג אֶת־בְּכוֹרֵיהֶם, דַּיֵּנוּ:

אִלּוּ הָרַג אֶת־בְּכוֹרֵיהֶם, וְלֹא נָתַן לָנוּ אֶת־מָמוֹנָם, דַּיֵּנוּ:

אִלּוּ נָתַן לָנוּ אֶת־מָמוֹנָם, וְלֹא קָרַע לָנוּ אֶת־הַיָּם, דַּיֵּנוּ:

אִלּוּ קָרַע לָנוּ אֶת־הַיָּם, וְלֹא הֶעֱבִירָנוּ בְתוֹכוֹ בֶּחָרָבָה, דַּיֵּנוּ:

אִלּוּ הֶעֱבִירָנוּ בְתוֹכוֹ בֶּחָרָבָה, וְלֹא שִׁקַּע צָרֵינוּ בְּתוֹכוֹ, דַּיֵּנוּ:

אִלּוּ שִׁקַּע צָרֵינוּ בְּתוֹכוֹ, וְלֹא סִפֵּק צָרְכֵּנוּ בַּמִּדְבָּר אַרְבָּעִים שָׁנָה, דַּיֵּנוּ:

אִלּוּ סִפֵּק צָרְכֵּנוּ בַּמִּדְבָּר אַרְבָּעִים שָׁנָה, וְלֹא הֶאֱכִילָנוּ אֶת־הַמָּן, דַּיֵּנוּ:

אִלּוּ הֶאֱכִילָנוּ אֶת־הַמָּן, וְלֹא נָתַן לָנוּ אֶת־הַשַּׁבָּת, דַּיֵּנוּ:

אִלּוּ נָתַן לָנוּ אֶת־הַשַּׁבָּת, וְלֹא קֵרְבָנוּ לִפְנֵי הַר סִינַי, דַּיֵּנוּ:

אִלּוּ קֵרְבָנוּ לִפְנֵי הַר סִינַי, וְלֹא נָתַן לָנוּ אֶת־הַתּוֹרָה, דַּיֵּנוּ:

אִלּוּ נָתַן לָנוּ אֶת־הַתּוֹרָה, וְלֹא הִכְנִיסָנוּ לְאֶרֶץ יִשְׂרָאֵל, דַּיֵּנוּ:

אִלּוּ הִכְנִיסָנוּ לְאֶרֶץ יִשְׂרָאֵל, וְלֹא בָנָה לָנוּ אֶת־בֵּית הַבְּחִירָה,

דַּיֵּנוּ:

So many are the favors

For which we must thank the Omnipresent One!

If He had taken us out of Egypt
but not given them their punishments
— that would have been good enough!

If He had given them their punishments
but not taken it out on their gods
— that would have been good enough!

If He had taken it out on their gods
but not killed their firstborn
— that would have been good enough!

If He had killed their firstborn
but not handed us their wealth
— that would have been good enough!

If He had handed us their wealth
but not parted the sea for us
— that would have been good enough!

If He had parted the sea for us
but not brought us through it dry
— that would have been good enough!

If He had brought us through it dry
but not sunk our enemies in it
— that would have been good enough!

If He had sunk our enemies in it
but not provided for us in the wilderness for forty years
— that would have been good enough!

If He had provided for us in the wilderness for forty years
but not fed us manna
— that would have been good enough!

If He had fed us the manna
but not given us the Sabbath
— that would have been good enough!

If He had given us the Sabbath
but not drawn us near to Him at Mount Sinai
— that would have been good enough!

If He had drawn us near to Him at Mount Sinai
but not given us the Torah
— that would have been good enough!

If He had given us the Torah
but not brought us into the Land of Israel
— that would have been good enough!

If He had brought us into the Land of Israel
but not built us the House of His Choosing

that would have been good enough!

עַל אַחַת

כַּמָּה וְכַמָּה טוֹבָה כְפוּלָה וּמְכֻפֶּלֶת
לַמָּקוֹם עָלֵינוּ: שֶׁהוֹצִיאָנוּ מִמִּצְרַיִם,
וְעָשָׂה בָהֶם שְׁפָטִים, וְעָשָׂה בֵאלֹהֵיהֶם,
וְהָרַג אֶת־בְּכוֹרֵיהֶם, וְנָתַן לָנוּ אֶת־
מָמוֹנָם, וְקָרַע לָנוּ אֶת־הַיָּם, וְהֶעֱבִירָנוּ
בְתוֹכוֹ בֶּחָרָבָה, וְשִׁקַּע צָרֵינוּ בְּתוֹכוֹ,
וְסִפֵּק צָרְכֵּנוּ בַּמִּדְבָּר אַרְבָּעִים שָׁנָה,
וְהֶאֱכִילָנוּ אֶת־הַמָּן, וְנָתַן לָנוּ אֶת־
הַשַּׁבָּת, וְקֵרְבָנוּ לִפְנֵי הַר סִינַי, וְנָתַן לָנוּ
אֶת־הַתּוֹרָה, וְהִכְנִיסָנוּ לְאֶרֶץ יִשְׂרָאֵל,
וּבָנָה לָנוּ אֶת־בֵּית הַבְּחִירָה, לְכַפֵּר עַל־
כָּל־עֲוֹנוֹתֵינוּ.

How many times

more then, do we owe thanks to the Omnipresent for taking us out of Egypt, and giving them their just deserts, and taking it out on their gods, and killing their firstborn, and handing us their wealth, and splitting the sea for us, and bringing us through it dry, and sinking our oppressors in it, and providing for us in the wilderness for forty years, and feeding us manna, and giving us the Sabbath, and drawing us near to Him at Mount Sinai, and giving us the Torah, and bringing us into Eretz Yisrael, and building us the House of His Choosing for the expiation of all our sins.

רַבָּן גַּמְלִיאֵל הָיָה אוֹמֵר: כָּל שֶׁלֹּא אָמַר שְׁלֹשָׁה דְבָרִים אֵלּוּ בַּפֶּסַח, לֹא יָצָא יְדֵי חוֹבָתוֹ, וְאֵלּוּ הֵן:

פֶּסַח· מַצָּה· וּמָרוֹר:

פֶּסַח שֶׁהָיוּ אֲבוֹתֵינוּ אוֹכְלִים, בִּזְמַן שֶׁבֵּית הַמִּקְדָּשׁ הָיָה קַיָּם, עַל שׁוּם מָה? עַל שׁוּם שֶׁפָּסַח הַקָּדוֹשׁ בָּרוּךְ הוּא, עַל בָּתֵּי אֲבוֹתֵינוּ בְּמִצְרַיִם, שֶׁנֶּאֱמַר: וַאֲמַרְתֶּם זֶבַח פֶּסַח הוּא לַיְיָ, אֲשֶׁר פָּסַח עַל בָּתֵּי בְנֵי יִשְׂרָאֵל בְּמִצְרַיִם, בְּנָגְפּוֹ אֶת־מִצְרַיִם וְאֶת־בָּתֵּינוּ הִצִּיל, וַיִּקֹּד הָעָם וַיִּשְׁתַּחֲווּ.

יגביה המצה ויאמר:

מַצָּה זוֹ שֶׁאָנוּ אוֹכְלִים, עַל שׁוּם מָה? עַל שׁוּם שֶׁלֹּא הִסְפִּיק בְּצֵקָם שֶׁל אֲבוֹתֵינוּ לְהַחֲמִיץ, עַד שֶׁנִּגְלָה עֲלֵיהֶם מֶלֶךְ מַלְכֵי הַמְּלָכִים, הַקָּדוֹשׁ בָּרוּךְ הוּא, וּגְאָלָם, שֶׁנֶּאֱמַר: וַיֹּאפוּ אֶת־הַבָּצֵק, אֲשֶׁר הוֹצִיאוּ מִמִּצְרַיִם, עֻגֹת מַצּוֹת, כִּי לֹא חָמֵץ: כִּי גֹרְשׁוּ מִמִּצְרַיִם, וְלֹא יָכְלוּ לְהִתְמַהְמֵהַּ, וְגַם צֵדָה לֹא עָשׂוּ לָהֶם.

יגביה המרור ויאמר:

מָרוֹר זֶה שֶׁאָנוּ אוֹכְלִים, עַל שׁוּם מָה? עַל שׁוּם שֶׁמֵּרְרוּ הַמִּצְרִים אֶת־חַיֵּי אֲבוֹתֵינוּ בְּמִצְרַיִם, שֶׁנֶּאֱמַר: וַיְמָרְרוּ אֶת־חַיֵּיהֶם בַּעֲבֹדָה קָשָׁה, בְּחֹמֶר וּבִלְבֵנִים, וּבְכָל־עֲבֹדָה בַּשָּׂדֶה: אֵת כָּל־עֲבֹדָתָם, אֲשֶׁר עָבְדוּ בָהֶם בְּפָרֶךְ.

Rabbi Gamliel used to say: Whoever has not mentioned these three things on Passover has not fulfilled his obligation:

The Passover Offering
Matzah
Bitter Herbs

The **Passover Offering** which our ancestors ate when the Temple was standing — what was the reason for it? Because the Blessed Holy One passed over our ancestors' houses in Egypt, as it is said *(Exodus 12:27)*: "You shall say: It is a Passover sacrifice to God, because He passed over the Houses of the Children of Israel in Egypt when He smote the Egyptians but spared our houses. And the people bowed down and prostrated themselves."

Point to the matzot and say:

This **Matzah** that we eat — what is the reason for it? Because the dough of our ancestors had not yet leavened when the King of Kings, the Blessed Holy One, revealed Himself to them and redeemed them, as it is said *(Exodus 12:39)*: "And the dough they had brought along out of Egypt they baked into unleavened cakes, for there was no leaven, because they had been driven out of Egypt and had had no time to tarry; they had not even prepared any provision for themselves."

Point to the bitter herbs and say:

This **Bitter Herb** that we eat — what is the reason for it? Because the Egyptians embittered the lives of our ancestors in Egypt, as it is said *(Exodus 1:14)*: "They embittered their lives with hard labor at clay and brick-making, and all sorts of work in the fields — with all the tasks at which they ruthlessly worked them."

בְּכָל דּוֹר וָדוֹר

חַיָּב אָדָם לִרְאוֹת אֶת־עַצְמוֹ, כְּאִלּוּ הוּא יָצָא מִמִּצְרָיִם, שֶׁנֶּאֱמַר: וְהִגַּדְתָּ לְבִנְךָ בַּיּוֹם הַהוּא לֵאמֹר: בַּעֲבוּר זֶה עָשָׂה יְיָ לִי, בְּצֵאתִי מִמִּצְרָיִם. לֹא אֶת־אֲבוֹתֵינוּ בִּלְבָד, גָּאַל הַקָּדוֹשׁ בָּרוּךְ הוּא, אֶלָּא אַף אוֹתָנוּ גָּאַל עִמָּהֶם, שֶׁנֶּאֱמַר: וְאוֹתָנוּ הוֹצִיא מִשָּׁם, לְמַעַן הָבִיא אֹתָנוּ, לָתֶת לָנוּ אֶת־הָאָרֶץ אֲשֶׁר נִשְׁבַּע לַאֲבֹתֵינוּ.

יגביה הכוס, יכסה המצות ויאמר:

לְפִיכָךְ אֲנַחְנוּ חַיָּבִים לְהוֹדוֹת, לְהַלֵּל, לְשַׁבֵּחַ, לְפָאֵר, לְרוֹמֵם, לְהַדֵּר, לְבָרֵךְ, לְעַלֵּה וּלְקַלֵּס, לְמִי שֶׁעָשָׂה לַאֲבוֹתֵינוּ וְלָנוּ אֶת־כָּל־הַנִּסִּים הָאֵלּוּ. הוֹצִיאָנוּ מֵעַבְדוּת לְחֵרוּת, מִיָּגוֹן לְשִׂמְחָה, וּמֵאֵבֶל לְיוֹם טוֹב, וּמֵאֲפֵלָה לְאוֹר גָּדוֹל, וּמִשִּׁעְבּוּד לִגְאֻלָּה. וְנֹאמַר לְפָנָיו שִׁירָה חֲדָשָׁה.

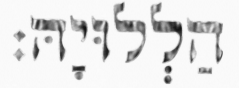

הַלְלוּיָהּ:

מניחים את הכוס ומגלים את המצות.

הַלְלוּיָהּ. הַלְלוּ עַבְדֵי יְיָ. הַלְלוּ אֶת־שֵׁם יְיָ. יְהִי שֵׁם יְיָ מְבֹרָךְ מֵעַתָּה וְעַד עוֹלָם: מִמִּזְרַח שֶׁמֶשׁ עַד מְבוֹאוֹ. מְהֻלָּל שֵׁם יְיָ. רָם עַל־כָּל־גּוֹיִם יְיָ. עַל הַשָּׁמַיִם כְּבוֹדוֹ: מִי כַּיְיָ אֱלֹהֵינוּ. הַמַּגְבִּיהִי לָשָׁבֶת: הַמַּשְׁפִּילִי לִרְאוֹת בַּשָּׁמַיִם וּבָאָרֶץ: מְקִימִי מֵעָפָר דָּל. מֵאַשְׁפֹּת יָרִים אֶבְיוֹן: לְהוֹשִׁיבִי עִם־נְדִיבִים. עִם נְדִיבֵי עַמּוֹ: מוֹשִׁיבִי עֲקֶרֶת הַבַּיִת אֵם הַבָּנִים שְׂמֵחָה. הַלְלוּיָהּ:

In every generation,

every person is to consider himself as having personally come out of Egypt, as it is said *(Exodus 13:8)*: "And you shall tell your son on that day, saying: This commemorates what God did for me when I went out of Egypt." For the Blessed Holy One did not redeem our ancestors alone; He also redeemed us along with them, as it is said *(Deuteronomy 6:23)*: "And He brought us out of there, in order to take us to give us the land concerning which He had made a vow to our ancestors."

Raise the cup of wine, cover the matzot, and say:

That is why were are in duty bound to thank, praise, laud, glorify, exalt, extol, bless, acclaim and adore Him Who performed all these wonders for our ancestors and us: He brought us from slavery to freedom, from sorrow to joy, from mourning to holiday, and from darkness to great light, and from bondage to redemption. So let us declaim a new song to Him.

Halleluiah.

Put down the cup and uncover the matzot.

Halleluiah. Praise — O God's servants — praise the Name of God. Blessed be the Name of God now and forever. From the sun's rising-place to its setting-place let the Name of God be praised. High above all the nations is God, our God: enthroned so high yet deigning to look so low; raising the wretched out of the dust, lifting the poor off the dungheap, to give them a place among the high and mighty — among the high and mighty of His people; making the barren recluse a happy mother of children. Halleluiah.

(Psalms 113)

בְּצֵאת

יִשְׂרָאֵל מִמִּצְרָיִם,

בֵּית יַעֲקֹב מֵעַם לֹעֵז: הָיְתָה יְהוּדָה לְקָדְשׁוֹ. יִשְׂרָאֵל מַמְשְׁלוֹתָיו: הַיָּם רָאָה וַיָּנֹס, הַיַּרְדֵּן יִסֹּב לְאָחוֹר:

הֶהָרִים רָקְדוּ כְאֵילִים. גְּבָעוֹת כִּבְנֵי־צֹאן:מַה־לְּךָ הַיָּם כִּי תָנוּס. הַיַּרְדֵּן תִּסֹּב לְאָחוֹר: הֶהָרִים תִּרְקְדוּ כְאֵילִים. גְּבָעוֹת כִּבְנֵי־צֹאן:

מִלִּפְנֵי אָדוֹן חוּלִי אָרֶץ. מִלִּפְנֵי אֱלוֹהַ יַעֲקֹב: הַהֹפְכִי הַצּוּר אֲגַם־מָיִם. חַלָּמִישׁ לְמַעְיְנוֹ-מָיִם.

When

Israel came out of Egypt

The House of Jacob from a strange-languaged people — Judah became His sanctuary, Israel His dominion. The sea saw and fled; the Jordan turned back.

The mountains skipped liked rams, the hills like young sheep. What is it, sea; why do you run? Jordan — why do you turn back? Why, mountains, do you skip like rams, you hills like young sheep?

Dance, earth, when the Lord appears, when Jacob's God shows, Who turned the rock into a pool of water, the flint-rock into a gushing fountain! *(Psalms 114)*

בָּרוּךְ

אַתָּה יְיָ, אֱלֹהֵינוּ מֶלֶךְ הָעוֹלָם, אֲשֶׁר גְּאָלָנוּ וְגָאַל אֶת־אֲבוֹתֵינוּ מִמִּצְרַיִם, וְהִגִּיעָנוּ לַלַּיְלָה הַזֶּה, לֶאֱכָל־ בּוֹ מַצָּה וּמָרוֹר. כֵּן, יְיָ אֱלֹהֵינוּ וֵאלֹהֵי אֲבוֹתֵינוּ, יַגִּיעֵנוּ לְמוֹעֲדִים וְלִרְגָלִים אֲחֵרִים, הַבָּאִים לִקְרָאתֵנוּ לְשָׁלוֹם. שְׂמֵחִים בְּבִנְיַן עִירֶךָ, וְשָׂשִׂים בַּעֲבוֹדָתֶךָ, וְנֹאכַל שָׁם מִן הַזְּבָחִים וּמִן הַפְּסָחִים (במוצאי שבת אומרים מִן הַפְּסָחִים וּמִן הַזְּבָחִים), אֲשֶׁר יַגִּיעַ דָּמָם, עַל קִיר מִזְבַּחֲךָ לְרָצוֹן, וְנוֹדֶה לְךָ שִׁיר חָדָשׁ עַל גְּאֻלָּתֵנוּ, וְעַל פְּדוּת נַפְשֵׁנוּ:

בָּרוּךְ אַתָּה יְיָ, גָּאַל יִשְׂרָאֵל:

הִנְנִי מוּכָן וּמְזֻמָּן לְקַיֵּם מִצְוַת כּוֹס שְׁנִיָּה מֵאַרְבַּע כּוֹסוֹת לְשֵׁם יִחוּד קֻדְשָׁא בְּרִיךְ הוּא וּשְׁכִינְתֵּיהּ עַל־יְדֵי הַהוּא טָמִיר וְנֶעְלָם בְּשֵׁם כָּל־יִשְׂרָאֵל.

בָּרוּךְ אַתָּה יְיָ, אֱלֹהֵינוּ מֶלֶךְ הָעוֹלָם, בּוֹרֵא פְּרִי הַגָּפֶן:

All the participants lift their cups of wine, and say:

Be blessed,

God, our God, King of the universe, Who redeemed us and redeemed our ancestors from Egypt and enabled us to live to this night to eat matzah and bitter herbs. In the same way, God, our God and God of our ancestors, let us live until the other set-times and festivals approach us — let us reach them in peace, rejoicing in the rebuilding of Your service, and partaking of the sacrifices and the Passover offerings whose blood shall reach the walls of Your alter propitiously, and we will thank You with a new song for our redemption and the emancipation of our souls.

Be blessed, God, Who redeemed Israel.

Say the following blessing and drink the second cup, reclining:

Be blessed, God, our God, King of the universe, Creator of the fruit of the vine.

רָחְצָה

נוטלים ידים ומברכים:

בָּרוּךְ אַתָּה יְיָ אֱלֹהֵינוּ מֶלֶךְ הָעוֹלָם, אֲשֶׁר קִדְּשָׁנוּ בְּמִצְוֹתָיו, וְצִוָּנוּ עַל נְטִילַת יָדָיִם:

מוֹצִיא מַצָּה

נוטל את המצות שעל הקערה ומברך:

בָּרוּךְ אַתָּה יְיָ, אֱלֹהֵינוּ מֶלֶךְ הָעוֹלָם, הַמּוֹצִיא לֶחֶם מִן הָאָרֶץ:

מניח את המצה התחתונה. בוצע למסובין חתיכות מן המצה העליונה ומן החלק שנשאר מהמצה השנייה ומברך. אוכלים בהסבה (יש הטובלים את המצה בחרוסת.)

בָּרוּךְ אַתָּה יְיָ, אֱלֹהֵינוּ מֶלֶךְ הָעוֹלָם, אֲשֶׁר קִדְּשָׁנוּ בְּמִצְוֹתָיו וְצִוָּנוּ עַל אֲכִילַת מַצָּה:

RAHTZA

Rinse the hands and say the following blessing:

Be blessed, God, our God, King of the universe, Who has sanctified us by His commandments and commanded us concerning the rinsing of the hands.

MOTZI MATZAH

Pick up the three matzot from the Seder tray and say the following blessing:

Be blessed, God, our God, King of the universe, Who brings forth bread from the earth.

Replace the bottom matzah.
Everybody gets a piece of the top and middle matzot.
Say the following blessing and eat, reclining. (Some first dip the matzah in haroset.)

Be blessed, God, our God, King of the universe, Who sanctified us with His commandments and commanded us concerning the eating of matzah.

מָרוֹר

לוקח כזית מרור, טובלו בחרוסת, מברך ואוכלו בלא הסבה.

בָּרוּךְ אַתָּה יְיָ אֱלֹהֵינוּ מֶלֶךְ הָעוֹלָם, אֲשֶׁר קִדְּשָׁנוּ בְּמִצְוֹתָיו וְצִוָּנוּ עַל אֲכִילַת מָרוֹר:

כּוֹרֵךְ

פורס כזית מהמצה השלישית וכזית מרור, טובלו בחרוסת, כורכים יחד ואוכלם בהסיבה ואומר:

זֵכֶר לְמִקְדָּשׁ כְּהִלֵּל: כֵּן עָשָׂה הִלֵּל בִּזְמַן שֶׁבֵּית הַמִּקְדָּשׁ הָיָה קַיָּם. הָיָה כּוֹרֵךְ פֶּסַח מַצָּה וּמָרוֹר וְאוֹכֵל בְּיַחַד. לְקַיֵּם מַה שֶּׁנֶּאֱמַר: עַל־מַצּוֹת וּמְרוֹרִים יֹאכְלֻהוּ:

שֻׁלְחָן עוֹרֵךְ

מסירים את קערת הסדר מן השולחן ואוכלים סעודה של חג.

צָפוּן

מחזירים את קערת הסדר,
אוכלים את האפיקומן (כזית), וי"א שני כזיתים. אחד כנגד פסח ואחד כנגד חגיגה.

MAROR

Everybody dips some bitter herb in haroset, says the following blessing, and eats sitting up.

Be blessed, God, our God, King of the universe, Who sanctified us with His commandments and commanded us concerning the eating of maror.

KORECH

Using the bottom matzah from the tray, everybody makes a maror sandwich, says the following passages, and eats reclining.

In remembrance of the Temple, according to Hillel the Elder. This is what Hillel did when the Temple was standing: he would wrap together the portion of the Passover Offering, the matzah and the maror and eat them together, in order to do what is said *(Numbers 9:11)*: "On matzot and bitter herbs they shall eat it."

SHULHAN ORECH

Remove the Seder tray from the table and eat the festival meal.

TZAFUN

Put the tray back on table, give everybody a piece of matzah from the large section put away for the Afikoman, say the following passage, and eat reclining.

In remembrance of the Passover Offering, eaten after satiation.

בָּרֵךְ

מוזגים כוס שלישית.

שִׁיר הַמַּעֲלוֹת בְּשׁוּב יְיָ אֶת שִׁיבַת צִיּוֹן הָיִינוּ כְּחֹלְמִים: אָז יִמָּלֵא שְׂחוֹק פִּינוּ וּלְשׁוֹנֵנוּ רִנָּה אָז יֹאמְרוּ בַגּוֹיִם הִגְדִּיל יְיָ לַעֲשׂוֹת עִם אֵלֶּה: הִגְדִּיל יְיָ לַעֲשׂוֹת עִמָּנוּ הָיִינוּ שְׂמֵחִים: שׁוּבָה יְיָ אֶת שְׁבִיתֵנוּ כַּאֲפִיקִים בַּנֶּגֶב: הַזֹּרְעִים בְּדִמְעָה בְּרִנָּה יִקְצֹרוּ: הָלוֹךְ יֵלֵךְ וּבָכֹה נֹשֵׂא מֶשֶׁךְ הַזָּרַע בֹּא יָבֹא בְרִנָּה נֹשֵׂא אֲלֻמֹּתָיו:

אם יש שלושה בני מצווה מסובין, מנהל הסדר מרים את כוס היין וממשיך:

המזמן: **רַבּוֹתַי נְבָרֵךְ!**

המסובין: **יְהִי שֵׁם יְיָ מְבֹרָךְ מֵעַתָּה וְעַד עוֹלָם.**

המזמן: **יְהִי שֵׁם יְיָ מְבֹרָךְ מֵעַתָּה וְעַד עוֹלָם. בִּרְשׁוּת מָרָנָן וְרַבָּנָן וְרַבּוֹתַי נְבָרֵךְ** (בעשרה מוסיפים **אֱלֹהֵינוּ**) **שֶׁאָכַלְנוּ מִשֶּׁלּוֹ.**

המסובין: **בָּרוּךְ** (בעשרה מוסיפים **אֱלֹהֵינוּ**) **שֶׁאָכַלְנוּ מִשֶּׁלּוֹ וּבְטוּבוֹ חָיִינוּ.**

המזמן: **בָּרוּךְ (אֱלֹהֵינוּ) שֶׁאָכַלְנוּ מִשֶּׁלּוֹ וּבְטוּבוֹ חָיִינוּ.**

המסובין: **בָּרוּךְ הוּא וּבָרוּךְ שְׁמוֹ:**

אם אין שלושה בני מצווה מסובין, מתחילים כאן:

בָּרוּךְ אַתָּה יְיָ, אֱלֹהֵינוּ מֶלֶךְ הָעוֹלָם, הַזָּן אֶת הָעוֹלָם כֻּלּוֹ בְּטוּבוֹ בְּחֵן בְּחֶסֶד וּבְרַחֲמִים הוּא נוֹתֵן לֶחֶם לְכָל בָּשָׂר כִּי לְעוֹלָם חַסְדּוֹ. וּבְטוּבוֹ הַגָּדוֹל תָּמִיד לֹא חָסַר לָנוּ, וְאַל יֶחְסַר לָנוּ מָזוֹן לְעוֹלָם וָעֶד. בַּעֲבוּר שְׁמוֹ הַגָּדוֹל, כִּי הוּא אֵל זָן וּמְפַרְנֵס לַכֹּל וּמֵטִיב לַכֹּל, וּמֵכִין מָזוֹן לְכָל בְּרִיּוֹתָיו אֲשֶׁר בָּרָא.

בָּרוּךְ אַתָּה יְיָ, הַזָּן אֶת הַכֹּל:

BARECH

Fill the third cup.

A Pilgrim Song. When God brought the exiles back to Zion we were as in a dream. Our mouth was filled with laughter and our tongue with song. The nations said: God has done great things for them. Yes, God did great things for us and we were very happy. Restore our good fortune, O God, as dry steams that flow again. Those who that sow in tears shall reap in joy. Though the planter may weep as he carries seed to the field, he will yet return with joy, bearing the sheaves of grain.

If at least three males past Bar Mitzvah are present, the person conducting the Seder or a male appointed by him lifts his cup of wine and leads the saying of Grace after Meals.

Leader: My masters, let us bless.

Others: Let God's Name be blessed now and forever.

Leader: Let God's Name be blessed now and forever. By permission of (the host and of) our masters and my teachers, let us bless Him (if ten males past Bar Mitzvah are present say "our God" instead of "Him") of Whose fare we have eaten.

Others: Blessed be He (or, if ten adult males are present, "our God") of Whose fare we have eaten and on Whose bounty we live.

Leader: Blessed be He (or, if ten adult males are present, "our God") of Whose fare we have eaten and on Whose bounty we live.

Others: Blessed be He and blessed be His Name.

All say:

Be blessed, God, our God, King of the universe, Who feeds the entire world of His bounty — with grace, with loving kindness, mercifully. He gives food to all flesh, for His loving kindness is eternal. And because of his great goodness we have never lacked food, and may we never lack it. For His great Name's sake — for He is a God Who feeds and provides for all, and is good to all, and prepares food for all His creatures that He has created.

Be blessed, God, Who feeds all.

נוֹדֶה לְּךָ

יְיָ אֱלֹהֵינוּ עַל שֶׁהִנְחַלְתָּ לַאֲבוֹתֵינוּ, אֶרֶץ חֶמְדָּה טוֹבָה וּרְחָבָה, וְעַל שֶׁהוֹצֵאתָנוּ יְיָ אֱלֹהֵינוּ מֵאֶרֶץ מִצְרַיִם, וּפְדִיתָנוּ, מִבֵּית עֲבָדִים, וְעַל בְּרִיתְךָ שֶׁחָתַמְתָּ בִּבְשָׂרֵנוּ, וְעַל תּוֹרָתְךָ שֶׁלִּמַּדְתָּנוּ, וְעַל חֻקֶּיךָ שֶׁהוֹדַעְתָּנוּ וְעַל חַיִּים חֵן וָחֶסֶד שֶׁחוֹנַנְתָּנוּ, וְעַל אֲכִילַת מָזוֹן שָׁאַתָּה זָן וּמְפַרְנֵס אוֹתָנוּ תָּמִיד, בְּכָל יוֹם וּבְכָל עֵת וּבְכָל שָׁעָה:

וְעַל הַכֹּל יְיָ אֱלֹהֵינוּ אֲנַחְנוּ מוֹדִים לָךְ, וּמְבָרְכִים אוֹתָךְ, יִתְבָּרַךְ שִׁמְךָ בְּפִי כָּל חַי תָּמִיד לְעוֹלָם וָעֶד. כַּכָּתוּב, וְאָכַלְתָּ וְשָׂבָעְתָּ, וּבֵרַכְתָּ אֶת יְיָ אֱלֹהֶיךָ עַל הָאָרֶץ הַטֹּבָה אֲשֶׁר נָתַן לָךְ. בָּרוּךְ אַתָּה יְיָ, עַל הָאָרֶץ וְעַל הַמָּזוֹן:

We thank You,

God, our God, for allotting to our ancestors a desirable, goodly and ample land, and for bringing us out of the land of Egypt, for emancipating us from a land of slavery, for sealing Your covenant in our flesh, for teaching us Your Torah, for making Your statutes known to us, for bestowing life, grace, loving kindness upon us, and for feeding us and supplying us with food continually, every day, at all times, and at every hour.

For all this, God, our God, we thank You and bless You. May Your Name be blessed by every living thing always, forever. As it is written *(Deuteronomy 8:10)*: "When you have eaten your fill, you shall bless God, your God, for the goodly land He has given you." Be blessed, God, for the land and for the food (in the land of Israel say "its food").

רַחֵם

נָא יְיָ אֱלֹהֵינוּ, עַל יִשְׂרָאֵל עַמֶּךָ, וְעַל יְרוּשָׁלַיִם עִירֶךָ, וְעַל צִיּוֹן מִשְׁכַּן כְּבוֹדֶךָ, וְעַל מַלְכוּת בֵּית דָּוִד מְשִׁיחֶךָ, וְעַל הַבַּיִת הַגָּדוֹל וְהַקָּדוֹשׁ שֶׁנִּקְרָא שִׁמְךָ עָלָיו. אֱלֹהֵינוּ, אָבִינוּ, רְעֵנוּ, זוּנֵנוּ, פַּרְנְסֵנוּ, וְכַלְכְּלֵנוּ, וְהַרְוִיחֵנוּ, וְהַרְוַח לָנוּ יְיָ אֱלֹהֵינוּ מְהֵרָה מִכָּל צָרוֹתֵינוּ, וְנָא, אַל תַּצְרִיכֵנוּ יְיָ אֱלֹהֵינוּ, לֹא לִידֵי מַתְּנַת בָּשָׂר וָדָם, וְלֹא לִידֵי הַלְוָאָתָם. כִּי אִם לְיָדְךָ הַמְּלֵאָה, הַפְּתוּחָה, הַקְּדוֹשָׁה וְהָרְחָבָה, שֶׁלֹּא נֵבוֹשׁ וְלֹא נִכָּלֵם לְעוֹלָם וָעֶד:

לשבת אמור:

רְצֵה וְהַחֲלִיצֵנוּ יְיָ אֱלֹהֵינוּ בְּמִצְוֹתֶיךָ וּבְמִצְוַת יוֹם הַשְּׁבִיעִי הַשַּׁבָּת הַגָּדוֹל וְהַקָּדוֹשׁ הַזֶּה. כִּי יוֹם זֶה גָּדוֹל וְקָדוֹשׁ הוּא לְפָנֶיךָ, לִשְׁבָּת בּוֹ וְלָנוּחַ בּוֹ בְּאַהֲבָה כְּמִצְוַת רְצוֹנֶךָ וּבִרְצוֹנְךָ הָנִיחַ לָנוּ יְיָ אֱלֹהֵינוּ, שֶׁלֹּא תְהֵא צָרָה וְיָגוֹן וַאֲנָחָה בְּיוֹם מְנוּחָתֵנוּ. וְהַרְאֵנוּ יְיָ אֱלֹהֵינוּ בְּנֶחָמַת צִיּוֹן עִירֶךָ, וּבְבִנְיַן יְרוּשָׁלַיִם עִיר קָדְשֶׁךָ, כִּי אַתָּה הוּא בַּעַל הַיְשׁוּעוֹת וּבַעַל הַנֶּחָמוֹת:

אֱלֹהֵינוּ וֵאלֹהֵי אֲבוֹתֵינוּ, יַעֲלֶה וְיָבֹא וְיַגִּיעַ, וְיֵרָאֶה, וְיֵרָצֶה, וְיִשָּׁמַע, וְיִפָּקֵד, וְיִזָּכֵר זִכְרוֹנֵנוּ וּפִקְדוֹנֵנוּ, וְזִכְרוֹן אֲבוֹתֵינוּ, וְזִכְרוֹן מָשִׁיחַ בֶּן דָּוִד עַבְדֶּךָ, וְזִכְרוֹן יְרוּשָׁלַיִם עִיר קָדְשֶׁךָ, וְזִכְרוֹן כָּל עַמְּךָ בֵּית יִשְׂרָאֵל לְפָנֶיךָ, לִפְלֵיטָה לְטוֹבָה לְחֵן וּלְחֶסֶד וּלְרַחֲמִים, לְחַיִּים וּלְשָׁלוֹם בְּיוֹם חַג הַמַּצּוֹת הַזֶּה. זָכְרֵנוּ יְיָ אֱלֹהֵינוּ בּוֹ לְטוֹבָה. וּפָקְדֵנוּ בוֹ לִבְרָכָה. וְהוֹשִׁיעֵנוּ בוֹ לְחַיִּים, וּבִדְבַר יְשׁוּעָה וְרַחֲמִים, חוּס וְחָנֵּנוּ, וְרַחֵם עָלֵינוּ וְהוֹשִׁיעֵנוּ, כִּי אֵלֶיךָ עֵינֵינוּ, כִּי אֵל מֶלֶךְ חַנּוּן וְרַחוּם אָתָּה:

Have mercy,

God, our God, on Israel Your people, on Jerusalem Your city, on Zion the dwelling place of Your glory, on the kingdom of the House of David Your anointed one, and on the great and holy house that is called by Your name. Our God, our Father, our Shepherd — pasture us, feed us, provide for us, and sustain us, and give us relief — and give us speedy relief, God, our God, from all our troubles. Do not, we beg You, God, our God, cause us to become dependent on the handouts of mortals or on their loans, but only on Your hand — full, open, bountiful and generous — so that we shall never be ashamed or be put to shame.

If Passover falls on Sabbath, say the following passage:

Let it be Your will, God, our God, that we shall be strengthened by performing Your commandments — especially by observing this seventh day, this great and holy Sabbath, for this day is great and holy before You, to pause and rest on it lovingly as it was Your pleasure to command. And let it be your will, God, our God, that there shall be no cause for trouble, sorrow or sighing on our day of rest. And show us, God, our God, Zion Your city comforted and Jerusalem Your holy city rebuilt, for You are the Giver of salvation and the Giver of consolation.

Our God and God of our fathers: let the remembrance and mindfulness of us, the remembrance of our ancestors, the remembrance of Jerusalem Your holy city, and the remembrance of Your entire people the House of Israel come to You, reach You, be seen by You, be favored by You, be heard by You, minded by You and remembered by you to our relief, to our benefit, for grace, for loving kindness and for mercy, for life and for peace, on this Matzot Festival Day. On this day, God, our God, remember us for good, be mindful of us on it for blessing, and preserve us on it for a good life. And be so merciful as to grace us with the promise of salvation and mercy, and have mercy on us and save us. For to You our eyes are turned, for You are a gracious and merciful God King.

וּבְנֵה יְרוּשָׁלַיִם

עִיר הַקֹּדֶשׁ בִּמְהֵרָה בְיָמֵינוּ. בָּרוּךְ אַתָּה יְיָ, בּוֹנֵה בְרַחֲמָיו יְרוּשָׁלָיִם. אָמֵן

And rebuild Jerusalem

the holy city speedily in our days. Be blessed, God, Rebuilder — in His mercy — of Jerusalem. Amen.

בָּרוּךְ אַתָּה יְיָ אֱלֹהֵינוּ מֶלֶךְ הָעוֹלָם, הָאֵל אָבִינוּ, מַלְכֵּנוּ, אַדִּירֵנוּ בּוֹרְאֵנוּ, גּוֹאֲלֵנוּ, יוֹצְרֵנוּ, קְדוֹשֵׁנוּ קְדוֹשׁ יַעֲקֹב, רוֹעֵנוּ רוֹעֵה יִשְׂרָאֵל. הַמֶּלֶךְ הַטּוֹב, וְהַמֵּטִיב לַכֹּל, שֶׁבְּכָל יוֹם וָיוֹם הוּא הֵטִיב, הוּא מֵטִיב, הוּא יֵיטִיב לָנוּ. הוּא גְמָלָנוּ, הוּא גוֹמְלֵנוּ, הוּא יִגְמְלֵנוּ לָעַד לְחֵן וּלְחֶסֶד וּלְרַחֲמִים וּלְרֶוַח הַצָּלָה וְהַצְלָחָה בְּרָכָה וִישׁוּעָה, נֶחָמָה, פַּרְנָסָה וְכַלְכָּלָה, וְרַחֲמִים, וְחַיִּים וְשָׁלוֹם, וְכָל טוֹב, וּמִכָּל טוּב לְעוֹלָם אַל יְחַסְּרֵנוּ:

הָרַחֲמָן, הוּא יִמְלוֹךְ עָלֵינוּ לְעוֹלָם וָעֶד. הָרַחֲמָן, הוּא יִתְבָּרַךְ בַּשָּׁמַיִם וּבָאָרֶץ. הָרַחֲמָן, הוּא יִשְׁתַּבַּח לְדוֹר דּוֹרִים, וְיִתְפָּאַר בָּנוּ לָעַד וּלְנֵצַח נְצָחִים, וְיִתְהַדַּר בָּנוּ לָעַד וּלְעוֹלְמֵי עוֹלָמִים. הָרַחֲמָן, הוּא יְפַרְנְסֵנוּ בְּכָבוֹד. הָרַחֲמָן, הוּא יִשְׁבּוֹר עֻלֵּנוּ מֵעַל צַוָּארֵנוּ וְהוּא יוֹלִיכֵנוּ קוֹמְמִיּוּת לְאַרְצֵנוּ. הָרַחֲמָן, הוּא יִשְׁלַח לָנוּ בְּרָכָה מְרֻבָּה בַּבַּיִת הַזֶּה, וְעַל שֻׁלְחָן זֶה שֶׁאָכַלְנוּ עָלָיו.

הָרַחֲמָן

הוּא יִשְׁלַח לָנוּ אֶת **אֵלִיָּהוּ הַנָּבִיא** זָכוּר לַטּוֹב,
וִיבַשֶּׂר לָנוּ בְּשׂוֹרוֹת טוֹבוֹת יְשׁוּעוֹת וְנֶחָמוֹת.

Be blessed, God, our God, King of the universe, the God Who is our Father, our King, our Mighty One, our Creator, our Redeemer, our Maker, our Holy One, the Holy One of Jacob, our Shepherd — Israel's Shepherd — the King Who is good and does good to all, Who every day did good, does good, will do good to all of us; Who bestowed, bestows and will bestow favors on us forever: grace, loving kindness, mercy and relief, succor and prosperity, blessing and salvation, consolation, maintenance and sustenance, and life, and peace, and all that is good; and may He never let us lack for any good thing.

The Merciful — forever may He reign over us. The Merciful — may He be blessed in Heaven and on earth. The Merciful — may He be praised for all generations, and may He glory in us forever and for all time, and take pride in us forever and for all eternity. The Merciful — may He grant us honorable sustenance. The Merciful — may He break the yoke from our neck and may He lead us proud and erect back to our land. The Merciful — may He send ample blessing on this house and on this table at which we have eaten.

The Merciful

may He send us the **Prophet Elijah** so fondly remembered, to bring us good tidings, salvations and consolations.

הָרַחֲמָן, הוּא יְבָרֵךְ אֶת (אָבִי מוֹרִי) בַּעַל הַבַּיִת הַזֶּה, וְאֶת (אִמִּי מוֹרָתִי) בַּעֲלַת הַבַּיִת הַזֶּה, הָרַחֲמָן, הוּא יְבָרֵךְ אוֹתִי (וְאָבִי וְאִמִּי וְאִשְׁתִּי וְזַרְעִי וְאֶת כָּל אֲשֶׁר לִי) הָרַחֲמָן, הוּא יְבָרֵךְ אֶת בַּעַל הַבַּיִת הַזֶּה, וְאֶת אִשְׁתּוֹ בַּעֲלַת הַבַּיִת הַזֶּה.

אוֹתָם וְאֶת בֵּיתָם וְאֶת זַרְעָם וְאֶת כָּל אֲשֶׁר לָהֶם אוֹתָנוּ וְאֶת כָּל אֲשֶׁר לָנוּ, כְּמוֹ שֶׁנִּתְבָּרְכוּ אֲבוֹתֵינוּ, אַבְרָהָם יִצְחָק וְיַעֲקֹב: בַּכֹּל, מִכֹּל, כֹּל. כֵּן יְבָרֵךְ אוֹתָנוּ כֻּלָּנוּ יַחַד. בִּבְרָכָה שְׁלֵמָה, וְנֹאמַר **אָמֵן**:

בַּמָּרוֹם יְלַמְּדוּ עֲלֵיהֶם וְעָלֵינוּ זְכוּת, שֶׁתְּהֵא לְמִשְׁמֶרֶת שָׁלוֹם, וְנִשָּׂא בְרָכָה מֵאֵת יְיָ וּצְדָקָה מֵאֱלֹהֵי יִשְׁעֵנוּ, וְנִמְצָא חֵן וְשֵׂכֶל טוֹב בְּעֵינֵי אֱלֹהִים וְאָדָם:

לשבת

הָרַחֲמָן, הוּא יַנְחִילֵנוּ יוֹם שֶׁכֻּלּוֹ שַׁבָּת וּמְנוּחָה לְחַיֵּי הָעוֹלָמִים.

הָרַחֲמָן, הוּא יַנְחִילֵנוּ יוֹם שֶׁכֻּלּוֹ טוֹב. הָרַחֲמָן, הוּא יְזַכֵּנוּ לִימוֹת הַמָּשִׁיחַ וּלְחַיֵּי הָעוֹלָם הַבָּא.

The Merciful — may He bless the State of Israel, the first sprouting of the Final Redemption, and the soldiers of the Israel Defense Forces. The Merciful — may He bless (children at their parents' table say) my father my teacher, and my mother my teacher — them and their household and their children and all that is theirs, (parents at their own table say the appropriate part/s of the following) me, my wife/husband and my progeny and all that is mine, (guests say) the master of this house — him and his wife the mistress of this house, them and their children and all that is theirs.

And all others seated at this table, us and all that is ours. Just as our fathers Abraham, Isaac and Jacob were blessed with all, of all, all, so may He bless us, all of us together, with a perfect blessing; and let us say: **Amen.**

On High may there be invoked for them and for us such merit as will be a safeguard of peace, and so that we may carry a blessing from God and justice from our Saving-God, and so that we may "win favor and approbation from God and from people." *(Proverbs 3:4)*

Say the following only on Sabbath:

The Merciful — may He grant us the Day-That-Is-All-Sabbath and the repose of the Life-That-Is-to-Be.

On all days continue as follows:

The Merciful — may He bequeath to us a Day-That-Is-All-Good. The Merciful — may He judge us worthy of the Messianic Era and the life of the World-That-Is-to-Be.

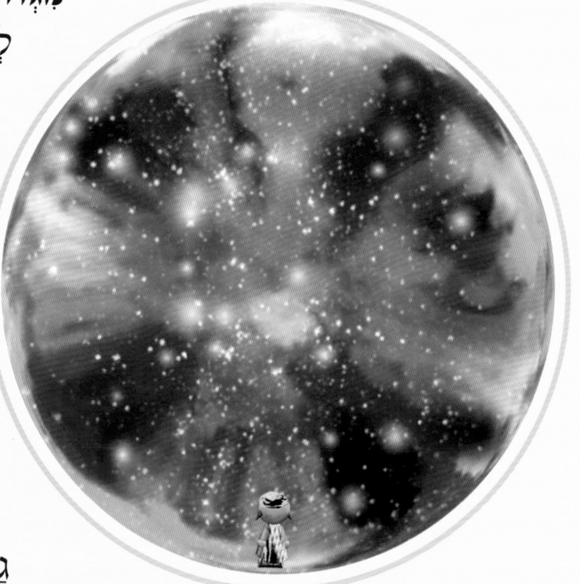

מִגְדּוֹל יְשׁוּעוֹת מַלְכּוֹ, וְעֹשֶׂה חֶסֶד לִמְשִׁיחוֹ לְדָוִד וּלְזַרְעוֹ עַד עוֹלָם: עֹשֶׂה שָׁלוֹם בִּמְרוֹמָיו, הוּא יַעֲשֶׂה שָׁלוֹם, עָלֵינוּ וְעַל כָּל יִשְׂרָאֵל, וְאִמְרוּ אָמֵן:

יְראוּ אֶת יְיָ קְדשָׁיו, כִּי אֵין מַחְסוֹר לִירֵאָיו: כְּפִירִים רָשׁוּ וְרָעֵבוּ, וְדוֹרְשֵׁי יְיָ לֹא יַחְסְרוּ כָל טוֹב: הוֹדוּ לַיְיָ כִּי טוֹב, כִּי לְעוֹלָם חַסְדוֹ: פּוֹתֵחַ אֶת יָדֶךָ, וּמַשְׂבִּיעַ לְכָל חַי רָצוֹן: בָּרוּךְ הַגֶּבֶר אֲשֶׁר יִבְטַח בַּיְיָ, וְהָיָה יְיָ מִבְטַחוֹ: נַעַר הָיִיתִי גַם זָקַנְתִּי וְלֹא רָאִיתִי צַדִּיק נֶעֱזָב, וְזַרְעוֹ מְבַקֶּשׁ-לָחֶם: יְיָ עֹז לְעַמּוֹ יִתֵּן, יְיָ יְבָרֵךְ אֶת עַמּוֹ בַשָּׁלוֹם:

שותים כוס שלישית בהסבה.

הִנְנִי מוּכָן וּמְזֻמָּן לְקַיֵּם מִצְוַת כּוֹס שְׁלִישִׁית מֵאַרְבַּע כּוֹסוֹת לְשֵׁם יִחוּד קֻדְשָׁא בְּרִיךְ הוּא וּשְׁכִנְתֵּיהּ עַל־יְדֵי הַהוּא טָמִיר וְנֶעְלָם בְּשֵׁם כָּל־יִשְׂרָאֵל.

בָּרוּךְ אַתָּה יְיָ, אֱלֹהֵינוּ מֶלֶךְ הָעוֹלָם, בּוֹרֵא פְּרִי הַגָּפֶן:

"He Who gives His king great victories, Who deals graciously with His anointed one — with David and his descendants forever." *(Samuel II 22:51)* "He who keeps His high spheres in harmony" *(Job 25:2)* — may He grant harmony to us and to all Israel. Now say: Amen.

"Fear God, you, His holy ones; for those who fear Him want for nothing." *(Psalms 34:10)* "Lions have been reduced to starvation; those who seek God lack no good thing." *(Psalms 34:11)* "Give thanks to God, for He is good; for His loving kindness endures forever." *(Psalms 118:1)* "You give openhandedly, filling the need of every living creature." *(Psalms 145:16)* "Blessed is he who trusts in God and rests his confidence in God." *(Jeremiah 17:7)* "I was a lad and now am old, and never have I seen a righteous person forsaken, his children begging bread." *(Psalms 37:35)* "May God grant His people strength, may God bless His people with well-being." *(Psalms 29:11)*

Say the following blessing and drink the third cup, reclining.

Be blessed, God, our God, King of the universe, Creator of the fruit of the vine.

מוזגים כוס מיוחדת לאליהו הנביא, ופותחים את הדלת ואומרים:

שְׁפֹךְ

חֲמָתְךָ אֶל־הַגּוֹיִם, אֲשֶׁר לֹא יְדָעוּךָ וְעַל־מַמְלָכוֹת אֲשֶׁר בְּשִׁמְךָ לֹא קָרָאוּ: כִּי אָכַל אֶת־יַעֲקֹב. וְאֶת־נָוֵהוּ הֵשַׁמּוּ: שְׁפָךְ־עֲלֵיהֶם זַעְמֶךָ, וַחֲרוֹן אַפְּךָ יַשִּׂיגֵם: תִּרְדֹּף בְּאַף וְתַשְׁמִידֵם, מִתַּחַת שְׁמֵי יְיָ:

סוגרים את הדלת ומוזגים כוס רביעית.

Fill Elijah's cup, open the front door, and say:

Pour out

Your wrath on the nations that know You not and on the kingdoms that do not invoke Your Name. For they have devoured Jacob and laid waste his homestead. *(Psalms 79:6–7)* Pour out Your fury on them and let Your blazing anger overtake them. *(Psalms 69:25)* Pursue them in anger and exterminate them from under God's skies. *(Lamentations 3:66)*

Close the door. Fill the fourth cup.

הַלֵּל

לֹא לָנוּ יְיָ לֹא לָנוּ כִּי לְשִׁמְךָ תֵּן כָּבוֹד, עַל חַסְדְּךָ עַל אֲמִתֶּךָ. לָמָּה יֹאמְרוּ הַגּוֹיִם, אַיֵּה נָא אֱלֹהֵיהֶם. וֵאלֹהֵינוּ בַשָּׁמָיִם כֹּל אֲשֶׁר חָפֵץ עָשָׂה. עֲצַבֵּיהֶם כֶּסֶף וְזָהָב, מַעֲשֵׂה יְדֵי אָדָם. פֶּה לָהֶם וְלֹא יְדַבֵּרוּ, עֵינַיִם לָהֶם וְלֹא יִרְאוּ. אָזְנַיִם לָהֶם וְלֹא יִשְׁמָעוּ, אַף לָהֶם וְלֹא יְרִיחוּן. יְדֵיהֶם וְלֹא יְמִישׁוּן, רַגְלֵיהֶם וְלֹא יְהַלֵּכוּ, לֹא יֶהְגּוּ בִּגְרוֹנָם. כְּמוֹהֶם יִהְיוּ עֹשֵׂיהֶם, כֹּל אֲשֶׁר בֹּטֵחַ בָּהֶם: יִשְׂרָאֵל בְּטַח בַּיְיָ, עֶזְרָם וּמָגִנָּם הוּא. בֵּית אַהֲרֹן בִּטְחוּ בַיְיָ, עֶזְרָם וּמָגִנָּם הוּא. יִרְאֵי יְיָ בִּטְחוּ בַיְיָ, עֶזְרָם וּמָגִנָּם הוּא:

יְיָ זְכָרָנוּ יְבָרֵךְ, יְבָרֵךְ אֶת בֵּית יִשְׂרָאֵל, יְבָרֵךְ אֶת בֵּית אַהֲרֹן. יְבָרֵךְ יִרְאֵי יְיָ, הַקְּטַנִּים עִם הַגְּדֹלִים. יֹסֵף יְיָ עֲלֵיכֶם, עֲלֵיכֶם וְעַל בְּנֵיכֶם. בְּרוּכִים אַתֶּם לַייָ, עֹשֵׂה שָׁמַיִם וָאָרֶץ. הַשָּׁמַיִם שָׁמַיִם לַייָ, וְהָאָרֶץ נָתַן לִבְנֵי אָדָם. לֹא הַמֵּתִים יְהַלְלוּ יָהּ, וְלֹא כָּל יֹרְדֵי דוּמָה. וַאֲנַחְנוּ נְבָרֵךְ יָהּ, מֵעַתָּה וְעַד עוֹלָם,

הַלְלוּיָהּ:

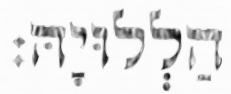

HALLEL

Not to us, God, not to us, but to Your Name bring glory, for the sake of Your loving kindness, of Your constancy. Why should the nations say: "Where, then, is their God?" — when our God is in heaven, doing whatever He wishes. Their idols are silver and gold, the work of human hands. They have a mouth but speak not; eyes they have but they do not see. They have ears but they do not hear; nose they have but they smell not; hands — but they do not feel; feet — but they do not walk; their throat cannot utter a sound. Their makers become like them, and so do all who trust in them. Israel trusts in God — He is their help and shield. The House of Aaron trusts in God — He is their help and shield. The God-fearers trust in God — He is their help and shield. *(Psalms 115:1–11)*

God remembers us — He will bless: He will bless the House of Israel. He will bless the House of Aaron. He will bless the God-fearers — the small and the great alike. May God give you increase — you and your children. Blessed are you of God, Maker of the heavens and earth. The heavens are God's heavens, but the earth He gave to man. Not the dead praise God, not those who go down to the Realm-of-Silence. But we shall bless God, now and forever.

Halleluiah.

(Psalms 115:12–18)

אָהַבְתִּי כִּי יִשְׁמַע יְיָ, אֶת קוֹלִי תַּחֲנוּנָי. כִּי הִטָּה אָזְנוֹ לִי וּבְיָמַי אֶקְרָא: אֲפָפוּנִי חֶבְלֵי מָוֶת, וּמְצָרֵי שְׁאוֹל מְצָאוּנִי צָרָה וְיָגוֹן אֶמְצָא. וּבְשֵׁם יְיָ אֶקְרָא, אָנָּה יְיָ מַלְּטָה נַפְשִׁי. חַנּוּן יְיָ וְצַדִּיק, וֵאלֹהֵינוּ מְרַחֵם. שֹׁמֵר פְּתָאִים יְיָ דַּלּוֹתִי וְלִי יְהוֹשִׁיעַ. שׁוּבִי נַפְשִׁי לִמְנוּחָיְכִי, כִּי יְיָ גָּמַל עָלָיְכִי. כִּי חִלַּצְתָּ נַפְשִׁי מִמָּוֶת אֶת עֵינִי מִן דִּמְעָה, אֶת רַגְלִי מִדֶּחִי. אֶתְהַלֵּךְ לִפְנֵי יְיָ, בְּאַרְצוֹת הַחַיִּים. הֶאֱמַנְתִּי כִּי אֲדַבֵּר, אֲנִי עָנִיתִי מְאֹד. אֲנִי אָמַרְתִּי בְחָפְזִי כָּל הָאָדָם כֹּזֵב.

מָה אָשִׁיב לַיְיָ, כָּל תַּגְמוּלוֹהִי עָלָי. כּוֹס יְשׁוּעוֹת אֶשָּׂא, וּבְשֵׁם יְיָ אֶקְרָא. נְדָרַי לַיְיָ אֲשַׁלֵּם, נֶגְדָה נָּא לְכָל עַמּוֹ. יָקָר בְּעֵינֵי יְיָ הַמָּוְתָה לַחֲסִידָיו. אָנָּה יְיָ כִּי אֲנִי עַבְדֶּךָ אֲנִי עַבְדְּךָ, בֶּן אֲמָתֶךָ פִּתַּחְתָּ לְמוֹסֵרָי. לְךָ אֶזְבַּח זֶבַח תּוֹדָה וּבְשֵׁם יְיָ אֶקְרָא. נְדָרַי לַיְיָ אֲשַׁלֵּם נֶגְדָה נָּא לְכָל עַמּוֹ. בְּחַצְרוֹת בֵּית יְיָ בְּתוֹכֵכִי יְרוּשָׁלָיִם

הַלְלוּיָהּ.

I yearn that God should hear my supplicating voice, that He should bend His ear to me whenever in my lifetime I cry out. The coils of death are taking me in their grip, the torments of Hell are overtaking me, trouble and anguish are my lot. So I call out in God's Name: "Please, God, save my life!" Gracious is God, and just; our God is merciful, God protects the simple; when I am down and out He will save me. Rest again, my soul, for God has been good to you. For You have rescued me from death, my eyes from weeping, my feet from stumbling. I will walk in God's presence in the realm of the living. I trusted (in God) even when I thought I was finished, when I was at my wit's end, when in my desperation I said: "All people are untrustworthy." *(Psalms 116:1–11)*

How can I repay God for all his bounties to me? I will raise the cup of salvation and invoke God's Name. I will pay my vows to God in the presence of all His people. Grievous in God's eyes is the death of His faithful ones. Please, God — I am indeed Your servant; I am Your servant, son of Your maidservant; You have loosed my bonds. To You, I will bring a Thanks-offering, and I will invoke God's Name. I will pay my vows to God in the presence of His entire people. In the courts of God's House in the heart of Jerusalem.

Halleluiah.

(Psalms 116:12–19)

הַלְלוּ

אֶת יְיָ, כָּל גּוֹיִם, שַׁבְּחוּהוּ כָּל הָאֻמִּים. כִּי גָבַר עָלֵינוּ חַסְדּוֹ, וֶאֱמֶת יְיָ לְעוֹלָם, הַלְלוּיָהּ:

הוֹדוּ לַיְיָ כִּי טוֹב, כִּי לְעוֹלָם חַסְדּוֹ:

יֹאמַר נָא יִשְׂרָאֵל, כִּי לְעוֹלָם חַסְדּוֹ:

יֹאמְרוּ נָא בֵית אַהֲרֹן, כִּי לְעוֹלָם חַסְדּוֹ:

יֹאמְרוּ נָא יִרְאֵי יְיָ, כִּי לְעוֹלָם חַסְדּוֹ:

מִן הַמֵּצַר קָרָאתִי יָּהּ, עָנָנִי בַמֶּרְחָב יָהּ. יְיָ לִי לֹא אִירָא, מַה יַּעֲשֶׂה לִי אָדָם. יְיָ לִי בְּעֹזְרָי, וַאֲנִי אֶרְאֶה בְשֹׂנְאָי. טוֹב לַחֲסוֹת בַּייָ, מִבְּטֹחַ בָּאָדָם. טוֹב לַחֲסוֹת בַּייָ מִבְּטֹחַ בִּנְדִיבִים. כָּל גּוֹיִם סְבָבוּנִי בְּשֵׁם יְיָ כִּי אֲמִילַם. סַבּוּנִי גַם סְבָבוּנִי בְּשֵׁם יְיָ כִּי אֲמִילַם. סַבּוּנִי כִדְבֹרִים דֹּעֲכוּ כְּאֵשׁ קוֹצִים, בְּשֵׁם יְיָ כִּי אֲמִילַם. דָּחֹה דְחִיתַנִי לִנְפֹּל, וַייָ עֲזָרָנִי. עָזִּי וְזִמְרָת יָהּ, וַיְהִי לִי לִישׁוּעָה. קוֹל רִנָּה וִישׁוּעָה בְּאָהֳלֵי צַדִּיקִים, יְמִין יְיָ עֹשָׂה חָיִל. יְמִין יְיָ רוֹמֵמָה, יְמִין יְיָ עֹשָׂה חָיִל. לֹא אָמוּת כִּי אֶחְיֶה, וַאֲסַפֵּר מַעֲשֵׂי יָהּ. יַסֹּר יִסְּרַנִּי יָּהּ, וְלַמָּוֶת לֹא נְתָנָנִי. פִּתְחוּ לִי שַׁעֲרֵי צֶדֶק ,אָבֹא בָם אוֹדֶה יָהּ. זֶה הַשַּׁעַר לַייָ, צַדִּיקִים יָבֹאוּ בוֹ.

Praise God,

all you nations; laud Him, all peoples. For great is His loving kindness towards us, and God's constancy is everlasting. Halleluiah. *(Psalms 117)*

Give thanks to God, For He is good   For His grace endures forever.

Say it now, Israel   For His grace endures forever.

Say it now, House of Aaron   For His grace endures forever.

Say it now, God-fearers   For His grace endures forever.
(Psalms 118:1–4)

In my distress I called on God; He answered by setting me free. God is with me; I have no fear: What can people do to me? God is with me helping me, so I shall gloat over my enemies. It is better to trust in God than to trust in people. It is better to trust in God than to trust in the great. All the nations have beset me; but in God's Name I will surely rout them. They surround me on all sides; but in God's Name I will surely rout them. They surround me like bees at the honeycomb; they attack me like flames at the stubble; but in God's Name I will surely rout them. They wanted to knock me down, but God helped me. God is my strength and my power, and He has become my salvation. Joyous shouts of deliverance resound in the tents of the righteous: God's right hand is triumphant. I shall not die — I shall live, and proclaim God's works. God chastened me severely, but He did not hand me over to death. Open the gates of victory to me: I would enter them, I would give thanks to God. This is God's gate — the victors enter through it. *(Psalms 118:5–20)*

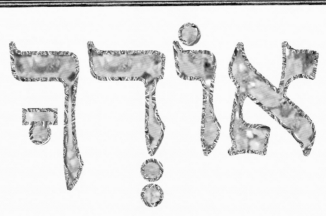

אוֹדְךָ

כִּי עֲנִיתָנִי, וַתְּהִי לִי לִישׁוּעָה. אוֹדְךָ כִּי עֲנִיתָנִי וַתְּהִי לִי לִישׁוּעָה. אֶבֶן מָאֲסוּ הַבּוֹנִים, הָיְתָה לְרֹאשׁ פִּנָּה. אֶבֶן מָאֲסוּ הַבּוֹנִים, הָיְתָה לְרֹאשׁ פִּנָּה. מֵאֵת יְיָ הָיְתָה זֹּאת, הִיא נִפְלָאת בְּעֵינֵינוּ: מֵאֵת יְיָ הָיְתָה זֹּאת, הִיא נִפְלָאת בְּעֵינֵינוּ. זֶה הַיּוֹם עָשָׂה יְיָ, נָגִילָה וְנִשְׂמְחָה בוֹ. זֶה הַיּוֹם עָשָׂה יְיָ נָגִילָה וְנִשְׂמְחָה בוֹ.

אָנָּא יְיָ הוֹשִׁיעָה נָּא:

אָנָּא יְיָ הוֹשִׁיעָה נָּא:

אָנָּא יְיָ הַצְלִיחָה נָא:

אָנָּא יְיָ הַצְלִיחָה נָא:

בָּרוּךְ הַבָּא בְּשֵׁם יְיָ, בֵּרַכְנוּכֶם מִבֵּית יְיָ. בָּרוּךְ הַבָּא בְּשֵׁם יְיָ, בֵּרַכְנוּכֶם מִבֵּית יְיָ. אֵל יְיָ וַיָּאֶר לָנוּ, אִסְרוּ חַג בַּעֲבֹתִים עַד קַרְנוֹת הַמִּזְבֵּחַ. אֵל יְיָ וַיָּאֶר לָנוּ, אִסְרוּ חַג בַּעֲבֹתִים, עַד קַרְנוֹת הַמִּזְבֵּחַ. אֵלִי אַתָּה וְאוֹדֶךָּ אֱלֹהַי אֲרוֹמְמֶךָּ. אֵלִי אַתָּה וְאוֹדֶךָּ אֱלֹהַי אֲרוֹמְמֶךָּ: הוֹדוּ לַייָ כִּי טוֹב, כִּי לְעוֹלָם חַסְדּוֹ: הוֹדוּ לַייָ כִּי טוֹב, כִּי לְעוֹלָם חַסְדּוֹ.

I thank You

For You have answered me, and You have become my salvation. (Repeat.) The stone that the builders rejected has become the chief cornerstone. (Repeat.) This is God's doing: it is marvelous in our eyes. (Repeat.) This is the day on which God acted: let us exult and rejoice on it. (Repeat.) *(Psalms 118:21–24)*

Please, God, deliver us!

Please, God, deliver us!

Please, God, let us prosper!

Please, God, let us prosper! *(Psalms 118:25)*

May all who enter be blessed in God's Name; we bless you from God's House. (Repeat.) God is God, and He has given us light; bind the Festival Offering with branches to the altar's horns. (Repeat.) You are my God and I will thank You, my God — and I will extol You. (Repeat.) Give thanks to God, for He is good; His grace endures forever. (Repeat.) *(Psalms 118:126–129)*

הוֹדוּ

לַיְיָ כִּי טוֹב,   כִּי לְעוֹלָם חַסְדּוֹ:

הוֹדוּ לֵאלֹהֵי הָאֱלֹהִים,   כִּי לְעוֹלָם חַסְדּוֹ:

הוֹדוּ לַאֲדֹנֵי הָאֲדֹנִים,   כִּי לְעוֹלָם חַסְדּוֹ:

לְעֹשֵׂה נִפְלָאוֹת גְּדֹלוֹת לְבַדּוֹ,   כִּי לְעוֹלָם חַסְדּוֹ:

לְעֹשֵׂה הַשָּׁמַיִם בִּתְבוּנָה,   כִּי לְעוֹלָם חַסְדּוֹ:

לְרוֹקַע הָאָרֶץ עַל הַמָּיִם,   כִּי לְעוֹלָם חַסְדּוֹ:

לְעֹשֵׂה אוֹרִים גְּדֹלִים,   כִּי לְעוֹלָם חַסְדּוֹ:

אֶת הַשֶּׁמֶשׁ לְמֶמְשֶׁלֶת בַּיּוֹם,   כִּי לְעוֹלָם חַסְדּוֹ:

אֶת הַיָּרֵחַ וְכוֹכָבִים לְמֶמְשְׁלוֹת בַּלָּיְלָה,   כִּי לְעוֹלָם חַסְדּוֹ:

Give thanks to God

For He is good;	His grace endures forever.
Give thanks to God-of-all-the-Gods;	His grace endures forever.
Give thanks to Lord-of-all-the-Lords;	His grace endures forever.
To Him Who alone works great marvels;	His grace endures forever.
To Him Who made the heavens with wisdom;	His grace endures forever.
To Him Who laid the earth on the waters;	His grace endures forever.
To Him Who made great lights;	His grace endures forever.
The sun to rule by day;	His grace endures forever.
The moon and stars to rule by night;	His grace endures forever.

לְמַכֵּה מִצְרַיִם בִּבְכוֹרֵיהֶם,	כִּי לְעוֹלָם חַסְדּוֹ:
וַיּוֹצֵא יִשְׂרָאֵל מִתּוֹכָם,	כִּי לְעוֹלָם חַסְדּוֹ:
בְּיָד חֲזָקָה וּבִזְרוֹעַ נְטוּיָה,	כִּי לְעוֹלָם חַסְדּוֹ:
לְגֹזֵר יַם סוּף לִגְזָרִים,	כִּי לְעוֹלָם חַסְדּוֹ:
וְהֶעֱבִיר יִשְׂרָאֵל בְּתוֹכוֹ,	כִּי לְעוֹלָם חַסְדּוֹ:
וְנִעֵר פַּרְעֹה וְחֵילוֹ בְיַם סוּף,	כִּי לְעוֹלָם חַסְדּוֹ:
לְמוֹלִיךְ עַמּוֹ בַּמִּדְבָּר,	כִּי לְעוֹלָם חַסְדּוֹ:
לְמַכֵּה מְלָכִים גְּדֹלִים,	כִּי לְעוֹלָם חַסְדּוֹ:
וַיַּהֲרֹג מְלָכִים אַדִּירִים,	כִּי לְעוֹלָם חַסְדּוֹ:

לְסִיחוֹן מֶלֶךְ הָאֱמֹרִי,	כִּי לְעוֹלָם חַסְדּוֹ:
וּלְעוֹג מֶלֶךְ הַבָּשָׁן,	כִּי לְעוֹלָם חַסְדּוֹ:
וְנָתַן אַרְצָם לְנַחֲלָה,	כִּי לְעוֹלָם חַסְדּוֹ:
נַחֲלָה לְיִשְׂרָאֵל עַבְדּוֹ,	כִּי לְעוֹלָם חַסְדּוֹ:
שֶׁבְּשִׁפְלֵנוּ זָכַר לָנוּ,	כִּי לְעוֹלָם חַסְדּוֹ:
וַיִּפְרְקֵנוּ מִצָּרֵינוּ,	כִּי לְעוֹלָם חַסְדּוֹ:
נוֹתֵן לֶחֶם לְכָל בָּשָׂר,	כִּי לְעוֹלָם חַסְדּוֹ:
הוֹדוּ לְאֵל הַשָּׁמַיִם,	כִּי לְעוֹלָם חַסְדּוֹ:

To Him Who struck Egypt through their firstborn;	His grace endures forever.
And brought Israel out of their midst;	His grace endures forever.
With a strong hand and an outstretched arm;	His grace endures forever.
To Him Who split apart the Red Sea;	His grace endures forever.
And led Israel right through it;	His grace endures forever.
But hurled Pharaoh and his host into the Red Sea;	His grace endures forever.
To Him Who led His people through the wilderness;	His grace endures forever.
To Him Who struck down mighty kings;	His grace endures forever.
And also slew great potentates;	His grace endures forever.

Sihon King of the Amorites;	His grace endures forever.
And Og King of Bashan;	His grace endures forever.
And then He bequeathed their land;	His grace endures forever.
To His servant Israel to have;	His grace endures forever.
Who remembered us when we were down and out;	His grace endures forever.
And rescued us from our enemies;	His grace endures forever.
Who supplies food to all flesh;	His grace endures forever.
Thank the God-of-all-Heavens;	His grace endures forever.

(Psalms 136)

נִשְׁמַת כָּל חַי

תְּבָרֵךְ אֶת שִׁמְךָ יְיָ אֱלֹהֵינוּ. וְרוּחַ כָּל בָּשָׂר, תְּפָאֵר וּתְרוֹמֵם זִכְרְךָ מַלְכֵּנוּ תָּמִיד, מִן הָעוֹלָם וְעַד הָעוֹלָם אַתָּה אֵל. וּמִבַּלְעָדֶיךָ אֵין לָנוּ מֶלֶךְ גּוֹאֵל וּמוֹשִׁיעַ, פּוֹדֶה וּמַצִּיל וּמְפַרְנֵס וּמְרַחֵם, בְּכָל עֵת צָרָה וְצוּקָה. אֵין לָנוּ מֶלֶךְ אֶלָּא אָתָּה: אֱלֹהֵי הָרִאשׁוֹנִים וְהָאַחֲרוֹנִים, אֱלוֹהַּ כָּל בְּרִיּוֹת, אֲדוֹן כָּל תּוֹלָדוֹת, הַמְהֻלָּל בְּרֹב הַתִּשְׁבָּחוֹת, הַמְנַהֵג עוֹלָמוֹ בְּחֶסֶד, וּבְרִיּוֹתָיו בְּרַחֲמִים. וַיְיָ לֹא יָנוּם וְלֹא יִישָׁן, הַמְעוֹרֵר יְשֵׁנִים וְהַמֵּקִיץ נִרְדָּמִים, וְהַמֵּשִׂיחַ אִלְּמִים, וְהַמַּתִּיר אֲסוּרִים, וְהַסּוֹמֵךְ נוֹפְלִים, וְהַזּוֹקֵף כְּפוּפִים, לְךָ לְבַדְּךָ אֲנַחְנוּ מוֹדִים.

The breath

of every living thing

blesses Your Name, God, our God, and the spirit of all flesh glorifies and extols the memory of You, our King, always. Since ever forever God You are, and besides You we have no King who liberates and saves, redeeming, rescuing, providing and exercising mercy in every time of trouble and distress. We have no King but You. God of first and last, God of all creatures, Lord of all the born, Who is lauded with manifold praises, Who directs His universe with loving kindness and His creatures with mercy. And God does not slumber or sleep — He Who awakens the sleeping and rouses the slumbering, and gives speech to the mute and sets free the imprisoned and supports the falling and straightens the bent — to You alone we give thanks.

אִלּוּ פִינוּ מָלֵא שִׁירָה כַּיָּם, וּלְשׁוֹנֵנוּ רִנָּה כַּהֲמוֹן גַּלָּיו, וְשִׂפְתוֹתֵינוּ שֶׁבַח כְּמֶרְחֲבֵי רָקִיעַ, וְעֵינֵינוּ מְאִירוֹת כַּשֶּׁמֶשׁ וְכַיָּרֵחַ, וְיָדֵינוּ פְרוּשׂוֹת כְּנִשְׁרֵי שָׁמָיִם, וְרַגְלֵינוּ קַלּוֹת כָּאַיָּלוֹת, אֵין אֲנַחְנוּ מַסְפִּיקִים, לְהוֹדוֹת לְךָ יְיָ אֱלֹהֵינוּ וֵאלֹהֵי אֲבוֹתֵינוּ, וּלְבָרֵךְ אֶת שְׁמֶךָ עַל אַחַת מֵאָלֶף אֶלֶף אַלְפֵי אֲלָפִים וְרִבֵּי רְבָבוֹת פְּעָמִים, הַטּוֹבוֹת שֶׁעָשִׂיתָ עִם אֲבוֹתֵינוּ וְעִמָּנוּ. מִמִּצְרַיִם גְּאַלְתָּנוּ יְיָ אֱלֹהֵינוּ, וּמִבֵּית עֲבָדִים פְּדִיתָנוּ, בְּרָעָב זַנְתָּנוּ, וּבְשָׂבָע כִּלְכַּלְתָּנוּ, מֵחֶרֶב הִצַּלְתָּנוּ, וּמִדֶּבֶר מִלַּטְתָּנוּ, וּמֵחֳלָיִם רָעִים וְנֶאֱמָנִים דִּלִּיתָנוּ: עַד הֵנָּה עֲזָרוּנוּ רַחֲמֶיךָ, וְלֹא עֲזָבוּנוּ חֲסָדֶיךָ וְאַל תִּטְּשֵׁנוּ יְיָ אֱלֹהֵינוּ לָנֶצַח. עַל כֵּן אֵבָרִים שֶׁפִּלַּגְתָּ בָּנוּ, וְרוּחַ וּנְשָׁמָה שֶׁנָּפַחְתָּ בְּאַפֵּינוּ, וְלָשׁוֹן אֲשֶׁר שַׂמְתָּ בְּפִינוּ, הֵן הֵם יוֹדוּ וִיבָרְכוּ וִישַׁבְּחוּ וִיפָאֲרוּ וִירוֹמְמוּ וְיַעֲרִיצוּ וְיַקְדִּישׁוּ וְיַמְלִיכוּ אֶת שִׁמְךָ מַלְכֵּנוּ, כִּי כָל פֶּה לְךָ יוֹדֶה, וְכָל לָשׁוֹן לְךָ תִשָּׁבַע, וְכָל בֶּרֶךְ לְךָ תִכְרַע, וְכָל קוֹמָה לְפָנֶיךָ תִשְׁתַּחֲוֶה, וְכָל לְבָבוֹת יִירָאוּךָ, וְכָל קֶרֶב וּכְלָיוֹת יְזַמְּרוּ לִשְׁמֶךָ. כַּדָּבָר שֶׁכָּתוּב, כָּל עַצְמוֹתַי תֹּאמַרְנָה יְיָ מִי כָמוֹךָ. מַצִּיל עָנִי מֵחָזָק מִמֶּנּוּ, וְעָנִי וְאֶבְיוֹן מִגֹּזְלוֹ: **מִי יִדְמֶה לָּךְ**, וּמִי יִשְׁוֶה לָּךְ וּמִי יַעֲרָךְ לָךְ: הָאֵל הַגָּדוֹל הַגִּבּוֹר וְהַנּוֹרָא, אֵל עֶלְיוֹן קֹנֵה שָׁמַיִם וָאָרֶץ: **נְהַלֶּלְךָ וּנְשַׁבֵּחֲךָ** וּנְפָאֶרְךָ וּנְבָרֵךְ אֶת־שֵׁם קָדְשֶׁךָ. כָּאָמוּר, לְדָוִד, בָּרְכִי נַפְשִׁי אֶת יְיָ, וְכָל קְרָבַי אֶת שֵׁם קָדְשׁוֹ:

Even if our mouth were an ocean of song, and our tongue were rolling seas of exultation, our lips spacious skies of praise, our eyes radiant as the sun and the moon, our hands outspread like soaring eagles, and our feet as fleet as the hinds — with all this we would still not be able to thank You, God, our God and God of our fathers, and to bless Your Name for even one-thousands-of-a-thousandth-of-a-thousandth-of-a-ten-thousandth-of-a-myriad of all the favors You granted our ancestors and us. From Egypt You liberated us, God, our God, from slavery You emancipated us. In famine You fed us, providing plentifully. From the swords You saved us and from pestilence rescued us, from terrible, deadly diseases You delivered us. Till now Your mercies have succored us, Your loving kindness has not failed us. So, God, do not ever fail us. Therefore, the limbs that You have shaped in us, and the breath and spirit that You have breathed in our nostrils, and the tongue that You have placed in our mouth — they, all of them, shall give thanks and bless and praise and glorify and exalt and revere and hallow and enthrone Your Name, our King. Indeed, every mouth shall acknowledge You, every tongue shall swear allegiance to You, every knee shall bend to You, every erect body shall prostate itself before You, all hearts shall fear You, all innards shall sing to Your Name, as it is said *(Psalms 35:10)*, "All my bones shall say, 'God, who is like You — rescuing the wretched from those stronger than them, the poor and the needy from their despoilers!'" **Who is like You,** Who can be compared to You, who can equal You — great, mighty and awesome God, supreme God, Creator-of-Heaven-and-Earth?! **We shall praise You, laud You**, glorify You, and bless Your holy Name, as it is said *(Psalms 103:1)*: "Bless God, O my soul; all my being — bless His holy Name!"

הָאֵל

בְּתַעֲצֻמוֹת עֻזֶּךָ, הַגָּדוֹל בִּכְבוֹד שְׁמֶךָ. הַגִּבּוֹר לָנֶצַח וְהַנּוֹרָא בְּנוֹרְאוֹתֶיךָ. הַמֶּלֶךְ הַיּוֹשֵׁב עַל כִּסֵּא רָם וְנִשָּׂא:

שׁוֹכֵן עַד, מָרוֹם וְקָדוֹשׁ שְׁמוֹ: וְכָתוּב, רַנְּנוּ צַדִּיקִים בַּיְיָ, לַיְשָׁרִים נָאוָה תְהִלָּה. בְּפִי יְשָׁרִים תִּתְהַלָּל. וּבְדִבְרֵי צַדִּיקִים תִּתְבָּרַךְ. וּבִלְשׁוֹן חֲסִידִים תִּתְרוֹמָם. וּבְקֶרֶב קְדוֹשִׁים תִּתְקַדָּשׁ:

וּבְמַקְהֲלוֹת רִבְבוֹת עַמְּךָ בֵּית יִשְׂרָאֵל, בְּרִנָּה יִתְפָּאַר שִׁמְךָ מַלְכֵּנוּ, בְּכָל דּוֹר וָדוֹר,

שֶׁכֵּן חוֹבַת כָּל הַיְצוּרִים, לְפָנֶיךָ יְיָ אֱלֹהֵינוּ, וֵאלֹהֵי אֲבוֹתֵינוּ, לְהוֹדוֹת לְהַלֵּל לְשַׁבֵּחַ לְפָאֵר לְרוֹמֵם לְהַדֵּר לְבָרֵךְ לְעַלֵּה וּלְקַלֵּס, עַל כָּל דִּבְרֵי שִׁירוֹת וְתִשְׁבְּחוֹת דָּוִד בֶּן יִשַׁי עַבְדְּךָ מְשִׁיחֶךָ:

יִשְׁתַּבַּח שִׁמְךָ לָעַד מַלְכֵּנוּ, הָאֵל הַמֶּלֶךְ הַגָּדוֹל וְהַקָּדוֹשׁ בַּשָּׁמַיִם וּבָאָרֶץ. כִּי לְךָ נָאֶה, יְיָ אֱלֹהֵינוּ וֵאלֹהֵי אֲבוֹתֵינוּ: שִׁיר וּשְׁבָחָה, הַלֵּל וְזִמְרָה, עֹז וּמֶמְשָׁלָה, נֶצַח, גְּדֻלָּה וּגְבוּרָה, תְּהִלָּה וְתִפְאֶרֶת, קְדֻשָּׁה וּמַלְכוּת. בְּרָכוֹת וְהוֹדָאוֹת מֵעַתָּה וְעַד עוֹלָם.

God

in the vastness of Your power, great in the glory of Your Name, mighty forever, and awesome in Your awe-inspiring acts, King enthroned in a high and exalted seat.

Inhabiter-of-Eternity-in-a-High-and-Holy-Place is His name. And it is written *(Psalms 33:1)*: "Exult in God, O you righteous; it befits the upright to acclaim Him." By the mouth of the upright You shall be praised, and by the lips of the righteous You shall be blessed, and by the tongues of the pious You shall be exalted, and by the innards of the holy You shall be hallowed.

And in the assemblies of the myriads of Your people the House of Israel shall Your Name, O our King, be glorified in joyous song in every generation.

For it is the duty of all creatures, God, our God and God of our fathers, to give thanks, to praise, laud, glorify, extol, honor, bless, exalt and adore You even beyond all the songs and praises of David son of Jesse Your servant, Your anointed one.

Forever praised is Your Name, our King — God, great and holy King in heaven and on earth. Because You are worthy — God, our God and God of our fathers — of song and laudation, praise and psalmody, power and dominion, victory, greatness and might, fame and glory, sanctity and sovereignty, blessings and thanksgiving to Your great and holy Name, for You are God, now and forever. Be blessed, God, God, King, sublime in praises, God for thanksgiving, Lord of wonders, Who prefers songs of psalmody, Sole King, God, Ever-living One.

יְהַלְלוּךָ יְיָ אֱלֹהֵינוּ כָּל מַעֲשֶׂיךָ, וַחֲסִידֶיךָ צַדִּיקִים עוֹשֵׂי רְצוֹנֶךָ, וְכָל עַמְּךָ בֵּית יִשְׂרָאֵל בְּרִנָּה יוֹדוּ וִיבָרְכוּ וִישַׁבְּחוּ וִיפָאֲרוּ וִירוֹמְמוּ וְיַעֲרִיצוּ וְיַקְדִּישׁוּ וְיַמְלִיכוּ אֶת שִׁמְךָ מַלְכֵּנוּ, כִּי לְךָ טוֹב לְהוֹדוֹת וּלְשִׁמְךָ נָאֶה לְזַמֵּר, כִּי מֵעוֹלָם וְעַד עוֹלָם אַתָּה אֵל. בָּרוּךְ אַתָּה יְיָ, מֶלֶךְ מְהֻלָּל בַּתִּשְׁבָּחוֹת.

מרימים את הכוס, מברכים ושותים כוס רביעית בהסבה.

בָּרוּךְ אַתָּה יְיָ, אֱלֹהֵינוּ מֶלֶךְ הָעוֹלָם, בּוֹרֵא פְּרִי הַגָּפֶן:

מברכים ברכה אחרונה:

בָּרוּךְ אַתָּה יְיָ אֱלֹהֵינוּ מֶלֶךְ הָעוֹלָם עַל הַגֶּפֶן וְעַל פְּרִי הַגֶּפֶן. וְעַל תְּנוּבַת הַשָּׂדֶה, וְעַל אֶרֶץ חֶמְדָּה טוֹבָה וּרְחָבָה, שֶׁרָצִיתָ וְהִנְחַלְתָּ לַאֲבוֹתֵינוּ, לֶאֱכוֹל מִפִּרְיָהּ וְלִשְׂבּוֹעַ מִטּוּבָהּ. רַחֵם נָא יְיָ אֱלֹהֵינוּ עַל יִשְׂרָאֵל עַמֶּךָ, וְעַל יְרוּשָׁלַיִם עִירֶךָ, וְעַל צִיּוֹן מִשְׁכַּן כְּבוֹדֶךָ, וְעַל מִזְבְּחֶךָ וְעַל הֵיכָלֶךָ. וּבְנֵה יְרוּשָׁלַיִם עִיר הַקֹּדֶשׁ בִּמְהֵרָה בְיָמֵינוּ, וְהַעֲלֵנוּ לְתוֹכָהּ, וְשַׂמְּחֵנוּ בְּבִנְיָנָהּ וְנֹאכַל מִפִּרְיָהּ וְנִשְׂבַּע מִטּוּבָהּ, וּנְבָרֶכְךָ עָלֶיהָ בִּקְדֻשָּׁה וּבְטָהֳרָה

(בשבת וּרְצֵה וְהַחֲלִיצֵנוּ בְּיוֹם הַשַּׁבָּת הַזֶּה.)

וְשַׂמְּחֵנוּ בְּיוֹם חַג הַמַּצּוֹת הַזֶּה. כִּי אַתָּה יְיָ טוֹב וּמֵטִיב לַכֹּל, וְנוֹדֶה לְּךָ עַל הָאָרֶץ וְעַל פְּרִי הַגָּפֶן. בָּרוּךְ אַתָּה יְיָ, עַל הָאָרֶץ וְעַל פְּרִי הַגָּפֶן:

All Your works shall praise You, God, our God. And Your devotees — the righteous who do Your will — and Your entire people the House of Israel shall exultantly give thanks, bless, laud, glorify, exalt, adore, hallow, and declare the kingship of Your Name, our King. For it is good to thank You, and it is fitting to sing Your Name, because now and forever You are God.

Lift the cup of wine, say the following blessing, and drink the fourth cup, reclining.

Be blessed, God, our God, King of the universe, Creator of the fruit of the vine.

Say the concluding blessing after wine:

Be blessed, God, our God, King of the universe, for the vine and the fruit of the vine, and for the yield of the field, and for the land so lovely, so good and so spacious that You saw fit to bequeath to our ancestors to eat of its produce and sate ourselves on its bounty. Have mercy, God, our God, on Israel Your people and on Jerusalem Your city and on Zion the abode of Your glory, on Your altar and on Your shrine. Rebuild Jerusalem the holy city speedily in our days. And bring us back up to it and let us rejoice in its upbuilding, let us eat of its fruit and sate ourselves on its bounty and we will bless you for it in holiness and purity.

(On the Sabbath, say: And may it please You to strengthen us on this Sabbath day,)

And grant us joy on this Matzot Festival Day, for You, God, are good and You do good to all. We thank You for the Land and for the fruit of the vine (in the land of Israel say "the fruit of its vine"). Be blessed, God, for the Land and for the fruit of the vine (in the land of Israel say "the fruit of its vine").

נִרְצָה

חֲסַל סִדּוּר פֶּסַח כְּהִלְכָתוֹ, כְּכָל מִשְׁפָּטוֹ וְחֻקָּתוֹ. כַּאֲשֶׁר זָכִינוּ לְסַדֵּר אוֹתוֹ, כֵּן נִזְכֶּה לַעֲשׂוֹתוֹ. זָךְ שׁוֹכֵן מְעוֹנָה, קוֹמֵם קְהַל עֲדַת מִי מָנָה. בְּקָרוֹב נַהֵל נִטְעֵי כַנָּה, פְּדוּיִם לְצִיּוֹן בְּרִנָּה.

לְשָׁנָה הַבָּאָה בִּירוּשָׁלָיִם:

NIRTZA

We've made another Seder just as we were told.

We followed all the rules laid down in days of old.

Just as we've been privileged to do it now with care,

May God grant us the chance to do it every year.

Pure-one, O, pure Dweller-of-the-Realm-Above:

Restore Your countless people,

bring them home with love;

Quickly take Your vine shoots
and

replant them strong

Back in Zion's vineyard,

where they will sing your song.

**Next year in the rebuilt
Jerusalem!**

וּבְכֵן
"וַיְהִי בַּחֲצִי הַלַּיְלָה"

אָז רוֹב נִסִּים הִפְלֵאתָ בַּלַּיְלָה, בְּרֹאשׁ אַשְׁמוּרוֹת זֶה הַלַּיְלָה, גֵּר צֶדֶק נִצַּחְתּוֹ כְּנֶחֱלַק לוֹ לַיְלָה, וַיְהִי בַּחֲצִי הַלַּיְלָה. דַּנְתָּ מֶלֶךְ גְּרָר בַּחֲלוֹם הַלַּיְלָה, הִפְחַדְתָּ אֲרַמִּי בְּאֶמֶשׁ לַיְלָה, וַיָּשַׂר יִשְׂרָאֵל לְמַלְאָךְ וַיּוּכַל לוֹ לַיְלָה, וַיְהִי בַּחֲצִי הַלַּיְלָה.

זֶרַע בְּכוֹרֵי פַתְרוֹס מָחַצְתָּ בַּחֲצִי הַלַּיְלָה, חֵילָם לֹא מָצְאוּ בְּקוּמָם בַּלַּיְלָה, טִיסַת נְגִיד חֲרשֶׁת סִלִּיתָ בְכוֹכְבֵי לַיְלָה, וַיְהִי בַּחֲצִי הַלַּיְלָה.

יָעַץ מְחָרֵף לְנוֹפֵף אִוּוּי, הוֹבַשְׁתָּ פְגָרָיו בַּלַּיְלָה, כָּרַע בֵּל וּמַצָּבוֹ בְּאִישׁוֹן לַיְלָה, לְאִישׁ חֲמוּדוֹת נִגְלָה רָז חֲזוֹת לַיְלָה, וַיְהִי בַּחֲצִי הַלַּיְלָה.

מִשְׁתַּכֵּר בִּכְלֵי קֹדֶשׁ נֶהֱרַג בּוֹ בַּלַּיְלָה, נוֹשַׁע מִבּוֹר אֲרָיוֹת פּוֹתֵר בִּעֲתוּתֵי לַיְלָה. שִׂנְאָה נָטַר אֲגָגִי וְכָתַב סְפָרִים לַיְלָה, וַיְהִי בַּחֲצִי הַלַּיְלָה.

עוֹרַרְתָּ נִצְחֲךָ עָלָיו בְּנֶדֶד שְׁנַת לַיְלָה, פּוּרָה תִדְרוֹךְ לְשׁוֹמֵר מַה מִּלַּיְלָה, צָרַח כַּשּׁוֹמֵר וְשָׂח אָתָא בֹקֶר וְגַם לַיְלָה, וַיְהִי בַּחֲצִי הַלַּיְלָה.

קָרֵב יוֹם אֲשֶׁר הוּא לֹא יוֹם וְלֹא לַיְלָה, רָם הוֹדַע כִּי לְךָ הַיּוֹם אַף לְךָ הַלַּיְלָה, שׁוֹמְרִים הַפְקֵד לְעִירְךָ כָּל הַיּוֹם וְכָל הַלַּיְלָה, תָּאִיר כְּאוֹר יוֹם חֶשְׁכַת לַיְלָה, וַיְהִי בַּחֲצִי הַלַּיְלָה:

On the first night:

It happened at midnight

In times of yore You wrought most miracles at night. In the early watches of this night; You granted Abraham victory at night; it happened at midnight. Gerar's king You judged in a dream by night; You startled Laban in the dark of night; Jacob fought and bested an angel by night; it happened at midnight.

Egypt's firstborn You smote at midnight; they could not find their wealth when they rose at night; Sisera You routed through stars of the night; it happened at midnight.

Sennacherib's legions You devastated by night; Babylon's god was overthrown in the dark of the night; Daniel was shown the secret of Your mysteries of the night; it happened at midnight.

Drunken Belshazzar was killed this very night; Daniel was saved from the lions' den at night; Haman wrote evil decrees in the night; it happened at midnight.

You arose and vanquished him by Ahasuerus's sleepless night; You will help those who ask: "What of the night?" You will call: "Morning follows the night"; it happened at midnight.

Speed the day that is neither day nor night; Most High, proclaim that Yours is the day and also the night; set guards over Your city all day and all night; make bright as day the darkness of the night; it happened at midnight.

וּבְכֵן ״וַאֲמַרְתֶּם זֶבַח פֶּסַח״

אֹמֶץ גְּבוּרוֹתֶיךָ הִפְלֵאתָ בַּפֶּסַח, בְּרֹאשׁ כָּל מוֹעֲדוֹת נִשֵּׂאתָ פֶּסַח, גִּלִּיתָ לָאֶזְרָחִי חֲצוֹת לֵיל פֶּסַח, וַאֲמַרְתֶּם זֶבַח פֶּסַח.

דְּלָתָיו דָּפַקְתָּ כְּחֹם הַיּוֹם בַּפֶּסַח,
הִסְעִיד נוֹצְצִים עֻגוֹת מַצּוֹת בַּפֶּסַח,
וְאֶל הַבָּקָר רָץ זֵכֶר לְשׁוֹר עֵרֶךְ פֶּסַח,
וַאֲמַרְתֶּם זֶבַח פֶּסַח.

זֹעֲמוּ סְדוֹמִים וְלֹהֲטוּ בָּאֵשׁ בַּפֶּסַח, חֻלַּץ לוֹט מֵהֶם, וּמַצּוֹת אָפָה בְּקֵץ פֶּסַח, טִאטֵאתָ אַדְמַת מֹף וְנֹף בְּעָבְרְךָ בַּפֶּסַח, וַאֲמַרְתֶּם זֶבַח פֶּסַח.

יָהּ, רֹאשׁ כָּל אוֹן מָחַצְתָּ בְּלֵיל שִׁמּוּר פֶּסַח, כַּבִּיר, עַל בֵּן בְּכוֹר פָּסַחְתָּ בְּדַם פֶּסַח, לְבִלְתִּי תֵּת מַשְׁחִית לָבֹא בִפְתָחַי בַּפֶּסַח, וַאֲמַרְתֶּם זֶבַח פֶּסַח.

מְסֻגֶּרֶת סֻגָּרָה בְּעִתּוֹתֵי פֶּסַח, נִשְׁמְדָה מִדְיָן בִּצְלִיל שְׂעוֹרֵי עֹמֶר פֶּסַח, שֹׂרְפוּ מִשְׁמַנֵּי פּוּל וְלוּד בִּיקַד יְקוֹד פֶּסַח, וַאֲמַרְתֶּם זֶבַח פֶּסַח.

עוֹד הַיּוֹם בְּנֹב לַעֲמוֹד, עַד גָּעָה עוֹנַת פֶּסַח, פַּס יָד כָּתְבָה לְקַעֲקֵעַ צוּל בַּפֶּסַח, צָפֹה הַצָּפִית עָרוֹךְ הַשֻּׁלְחָן, בַּפֶּסַח, וַאֲמַרְתֶּם זֶבַח פֶּסַח.

קָהָל כִּנְּסָה הֲדַסָּה צוֹם לְשַׁלֵּשׁ בַּפֶּסַח, רֹאשׁ מִבֵּית רָשָׁע מָחַצְתָּ בְּעֵץ חֲמִשִּׁים בַּפֶּסַח, שְׁתֵּי אֵלֶּה רֶגַע, תָּבִיא לְעוּצִית בַּפֶּסַח, תָּעוֹז יָדְךָ וְתָרוּם יְמִינְךָ, כְּלֵיל הִתְקַדֵּשׁ חַג פֶּסַח, וַאֲמַרְתֶּם זֶבַח פֶּסַח.

On the second night:

Thus you will say:

"This is the Passover Offering"

Your wondrous powers You displayed on Passover; above all festivals You set Passover; You revealed Yourself to Abraham at midnight of Passover; and you shall say: This is the Passover Offering.

At Abraham's door You knocked at high noon on Passover; he fed the angels matzot on Passover; to the cattle he ran for the ox on Passover; and you shall say: This is the Passover Offering.

The Sodomites enraged God and were burned on Passover; Lot was saved and he baked matzot on Passover; You swept Egypt as You passed through on Passover; and you shall say: This is the Passover Offering.

God, You crushed the firstborn on Passover night; but Your own firstborn You spared by the sign of the blood; the Destroyer did not enter our homes on Passover; and you shall say: This is the Passover Offering.

Jericho was taken on Passover; Gideon felled Midian through a barley-cake dream on Passover; Assyria's legions were consumed on Passover; and you shall say: This is the Passover Offering.

Sennacherib halted to shun the siege on Passover; a hand wrote Babylon's doom on the wall on Passover; feasting Babylon was conquered on Passover; and you shall say: This is the Passover Offering.

Esther assembled the people for a three-day fast on Passover; You crushed Haman on a gallows tree on Passover; You will punish Edom doubly on Passover; let Your might free us as it did then on the night of Passover; and you shall say: This is the Passover Offering.

כִּי לוֹ נָאֶה, כִּי לוֹ יָאֶה.

אַדִּיר בִּמְלוּכָה, בָּחוּר כַּהֲלָכָה, גְּדוּדָיו יֹאמְרוּ לוֹ:
לְךָ וּלְךָ, לְךָ כִּי לְךָ, לְךָ אַף לְךָ, לְךָ יְיָ הַמַּמְלָכָה. כִּי לוֹ נָאֶה, כִּי לוֹ יָאֶה.

דָּגוּל בִּמְלוּכָה, הָדוּר כַּהֲלָכָה, וָתִיקָיו יֹאמְרוּ לוֹ:
לְךָ וּלְךָ, לְךָ כִּי לְךָ, לְךָ אַף לְךָ, לְךָ יְיָ הַמַּמְלָכָה. כִּי לוֹ נָאֶה, כִּי לוֹ יָאֶה.

זַכַּאי בִּמְלוּכָה, חָסִין כַּהֲלָכָה, טַפְסְרָיו יֹאמְרוּ לוֹ:
לְךָ וּלְךָ, לְךָ כִּי לְךָ, לְךָ אַף לְךָ, לְךָ יְיָ הַמַּמְלָכָה. כִּי לוֹ נָאֶה, כִּי לוֹ יָאֶה.

יָחִיד בִּמְלוּכָה, כַּבִּיר כַּהֲלָכָה, לִמּוּדָיו יֹאמְרוּ לוֹ:
לְךָ וּלְךָ, לְךָ כִּי לְךָ, לְךָ אַף לְךָ, לְךָ יְיָ הַמַּמְלָכָה. כִּי לוֹ נָאֶה, כִּי לוֹ יָאֶה.

מוֹשֵׁל בִּמְלוּכָה, נוֹרָא כַּהֲלָכָה, סְבִיבָיו יֹאמְרוּ לוֹ:
לְךָ וּלְךָ, לְךָ כִּי לְךָ, לְךָ אַף לְךָ, לְךָ יְיָ הַמַּמְלָכָה. כִּי לוֹ נָאֶה, כִּי לוֹ יָאֶה.

עָנָו בִּמְלוּכָה, פּוֹדֶה כַּהֲלָכָה, צַדִּיקָיו יֹאמְרוּ לוֹ:
לְךָ וּלְךָ, לְךָ כִּי לְךָ, לְךָ אַף לְךָ, לְךָ יְיָ הַמַּמְלָכָה. כִּי לוֹ נָאֶה, כִּי לוֹ יָאֶה.

קָדוֹשׁ בִּמְלוּכָה, רַחוּם כַּהֲלָכָה, שִׁנְאַנָּיו יֹאמְרוּ לוֹ:
לְךָ וּלְךָ, לְךָ כִּי לְךָ, לְךָ אַף לְךָ, לְךָ יְיָ הַמַּמְלָכָה. כִּי לוֹ נָאֶה, כִּי לוֹ יָאֶה.

תַּקִּיף בִּמְלוּכָה, תּוֹמֵךְ כַּהֲלָכָה, תְּמִימָיו יֹאמְרוּ לוֹ:
לְךָ וּלְךָ, לְךָ כִּי לְךָ, לְךָ אַף לְךָ, לְךָ יְיָ הַמַּמְלָכָה.

כִּי לוֹ נָאֶה, כִּי לוֹ יָאֶה.

It is fitting to praise Him.

August in kingship, rightfully chosen His angel-legions say to Him: "Yours, only Yours, Yours alone, O Lord, is the kingship!"

It is fitting to praise Him. Pre-eminent in kingship, truly resplendent, His faithful say to Him: "Yours, only Yours, Yours alone, O Lord, is the kingship!"

It is fitting to praise Him. Pristine in kingship, truly powerful, His disciples say to Him: "Yours, only Yours, Yours alone, O Lord, is the kingship!"

It is fitting to praise Him. Exalted in kingship, truly awe-inspiring, His Heavenly courtiers say to Him: "Yours, only Yours, Yours alone, O Lord, is the kingship!"

It is fitting to praise Him. Humble in kingship, truly liberating, His upright say to Him: "Yours, only Yours, Yours alone, O Lord, is the kingship!"

It is fitting to praise Him. Holy in kingship, truly merciful, His angels say to Him: "Yours, only Yours, Yours alone, O Lord, is the kingship!"

It is fitting to praise Him. Mightily sovereign, truly sustaining, His faultless ones say to Him: "Yours, only Yours, Yours alone, O Lord, is the kingship!"

It is fitting to praise Him.

אַדִּיר הוּא

יִבְנֶה בֵיתוֹ בְּקָרוֹב, בִּמְהֵרָה בִּמְהֵרָה, בְּיָמֵינוּ בְּקָרוֹב. אֵל בְּנֵה, בְּנֵה בֵיתְךָ בְּקָרוֹב. בָּחוּר הוּא, גָּדוֹל הוּא, דָּגוּל הוּא, יִבְנֶה בֵיתוֹ בְּקָרוֹב, בִּמְהֵרָה בִּמְהֵרָה, בְּיָמֵינוּ בְּקָרוֹב. אֵל בְּנֵה, אֵל בְּנֵה, בְּנֵה בֵיתְךָ בְּקָרוֹב.

הָדוּר הוּא, וָתִיק הוּא, זַכַּאי הוּא, חָסִיד הוּא, יִבְנֶה בֵיתוֹ בְּקָרוֹב, בִּמְהֵרָה בִּמְהֵרָה, בְּיָמֵינוּ בְּקָרוֹב. אֵל בְּנֵה, אֵל בְּנֵה, בְּנֵה בֵיתְךָ בְּקָרוֹב.

טָהוֹר הוּא, יָחִיד הוּא, כַּבִּיר הוּא, לָמוּד הוּא, מֶלֶךְ הוּא, נוֹרָא הוּא, סַגִּיב הוּא, עִזּוּז הוּא, פּוֹדֶה הוּא, צַדִּיק הוּא, יִבְנֶה בֵיתוֹ בְּקָרוֹב, בִּמְהֵרָה בִּמְהֵרָה, בְּיָמֵינוּ בְּקָרוֹב. אֵל בְּנֵה, אֵל בְּנֵה, בְּנֵה בֵיתְךָ בְּקָרוֹב.

קָדוֹשׁ הוּא, רַחוּם הוּא, שַׁדַּי הוּא, תַּקִּיף הוּא, יִבְנֶה בֵיתוֹ בְּקָרוֹב, בִּמְהֵרָה בִּמְהֵרָה, בְּיָמֵינוּ בְּקָרוֹב. אֵל בְּנֵה, אֵל בְּנֵה, בְּנֵה בֵיתְךָ בְּקָרוֹב.

Mighty is He

May He rebuild His Temple very soon, in our time: O God, build; O God, rebuild Your Temple soon. Chosen is He, great is He, pre-eminent is He; May He rebuild His Temple very soon, in our time: O God, build; O God, rebuild Your Temple soon.

Magnificent is He, venerable is He, pristine is He, guiltless is He; may He rebuild His Temple very soon, in our time: O God, build; O God, rebuild Your Temple soon.

Pure is He, One-alone is He, mighty is He, wise is He, King is He, awesome is He, exalted is He, powerful is He, redeemer is He, just is He; may He rebuild His Temple very soon, in our time: O God, build; O God, rebuild Your Temple soon.

Holy is He, merciful is He, almighty is He, potent is He; may He rebuild His Temple very soon, in our time: O God, build; O God, rebuild Your Temple soon.

אֶחָד מִי יוֹדֵעַ?

אֶחָד אֲנִי יוֹדֵעַ:

אֶחָד אֱלֹהֵינוּ שֶׁבַּשָּׁמַיִם וּבָאָרֶץ.

שְׁנַיִם מִי יוֹדֵעַ? שְׁנַיִם אֲנִי יוֹדֵעַ:

שְׁנֵי לֻחוֹת הַבְּרִית, אֶחָד אֱלֹהֵינוּ שֶׁבַּשָּׁמַיִם וּבָאָרֶץ.

שְׁלֹשָׁה מִי יוֹדֵעַ? שְׁלֹשָׁה אֲנִי יוֹדֵעַ:

שְׁלֹשָׁה אָבוֹת, שְׁנֵי לֻחוֹת הַבְּרִית, אֶחָד אֱלֹהֵינוּ שֶׁבַּשָּׁמַיִם וּבָאָרֶץ.

אַרְבַּע מִי יוֹדֵעַ? אַרְבַּע אֲנִי יוֹדֵעַ:

אַרְבַּע אִמָּהוֹת, שְׁלֹשָׁה אָבוֹת, שְׁנֵי לֻחוֹת הַבְּרִית, אֶחָד אֱלֹהֵינוּ שֶׁבַּשָּׁמַיִם וּבָאָרֶץ.

חֲמִשָּׁה מִי יוֹדֵעַ? חֲמִשָּׁה אֲנִי יוֹדֵעַ:

חֲמִשָּׁה חֻמְשֵׁי תוֹרָה, אַרְבַּע אִמָּהוֹת, שְׁלֹשָׁה אָבוֹת, שְׁנֵי לֻחוֹת הַבְּרִית, אֶחָד אֱלֹהֵינוּ שֶׁבַּשָּׁמַיִם וּבָאָרֶץ.

שִׁשָּׁה מִי יוֹדֵעַ? שִׁשָּׁה אֲנִי יוֹדֵעַ:

שִׁשָּׁה סִדְרֵי מִשְׁנָה, חֲמִשָּׁה חֻמְשֵׁי תוֹרָה, אַרְבַּע אִמָּהוֹת, שְׁלֹשָׁה אָבוֹת, שְׁנֵי לֻחוֹת הַבְּרִית, אֶחָד אֱלֹהֵינוּ שֶׁבַּשָּׁמַיִם וּבָאָרֶץ.

Who Knows One?

I know one!

One is our God in heaven and on earth.

Who knows two? I know two!

Two are the Tablets of the Covenant; One is our God in heaven and on earth.

Who knows three? I know three!

Three are the Patriarchs; two are the Tablets of the Covenant; One is our God in heaven and on earth.

Who knows four? I know four!

Four are the Matriarchs; three are the Patriarchs; two are the Tablets of the Covenant; One is our God in heaven and on earth.

Who knows five? I know five!

Five are the books of the Torah; four are the Matriarchs; three are the Patriarchs; two are the Tablets of the Covenant; One is our God in heaven and on earth.

Who knows six? I know six!

Six are the orders of the Mishnah; five are the books of the Torah; four are the Matriarchs; three are the Patriarchs; two are the Tablets of the Covenant; One is our God in heaven and on earth.

שִׁבְעָה מִי יוֹדֵעַ?
שִׁבְעָה אֲנִי יוֹדֵעַ:

שִׁבְעָה יְמֵי שַׁבַּתָּא, שִׁשָּׁה סִדְרֵי מִשְׁנָה, חֲמִשָּׁה חֻמְשֵׁי תוֹרָה, אַרְבַּע אִמָּהוֹת, שְׁלֹשָׁה אָבוֹת, שְׁנֵי לֻחוֹת הַבְּרִית, אֶחָד אֱלֹהֵינוּ שֶׁבַּשָּׁמַיִם וּבָאָרֶץ.

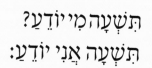

שְׁמוֹנָה מִי יוֹדֵעַ?
שְׁמוֹנָה אֲנִי יוֹדֵעַ:

שְׁמוֹנָה יְמֵי מִילָה, שִׁבְעָה יְמֵי שַׁבַּתָּא, שִׁשָּׁה סִדְרֵי מִשְׁנָה, חֲמִשָּׁה חֻמְשֵׁי תוֹרָה, אַרְבַּע אִמָּהוֹת, שְׁלֹשָׁה אָבוֹת, שְׁנֵי לֻחוֹת הַבְּרִית, אֶחָד אֱלֹהֵינוּ שֶׁבַּשָּׁמַיִם וּבָאָרֶץ.

תִּשְׁעָה מִי יוֹדֵעַ?
תִּשְׁעָה אֲנִי יוֹדֵעַ:

תִּשְׁעָה יַרְחֵי לֵדָה, שְׁמוֹנָה יְמֵי מִילָה, שִׁבְעָה יְמֵי שַׁבַּתָּא, שִׁשָּׁה סִדְרֵי מִשְׁנָה, חֲמִשָּׁה חֻמְשֵׁי תוֹרָה, אַרְבַּע אִמָּהוֹת, שְׁלֹשָׁה אָבוֹת, שְׁנֵי לֻחוֹת הַבְּרִית, אֶחָד אֱלֹהֵינוּ שֶׁבַּשָּׁמַיִם וּבָאָרֶץ.

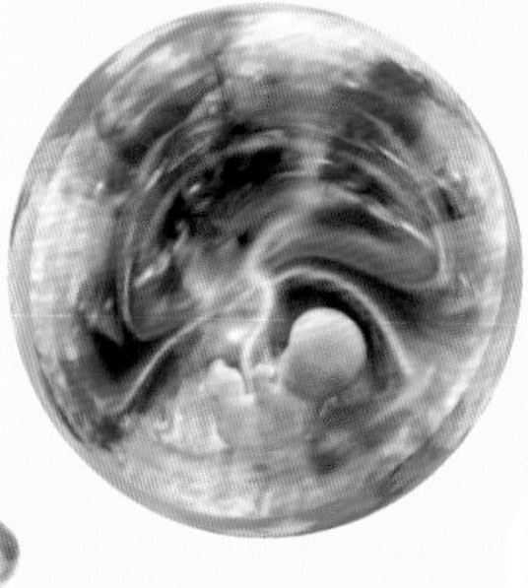

Who knows seven?
I know seven!

Seven are the days of the week;
six are the orders of the Mishnah;
five are the books of the Torah; four are
the Matriarchs; three are the Patriarchs;
two are the Tablets of the Covenant; One
is our God in heaven and on earth.

Who knows eight? I know eight!

Eight are the days to circumcision; seven are the days of the week; six are the
orders of the Mishnah; five are the books of the Torah; four are the Matriarchs;
three are the Patriarchs; two are the Tablets of the Covenant; One is our God in
heaven and on earth.

Who knows nine? I know nine!

Nine are the months to childbirth; eight are the
days to circumcision; seven are the days of the week;
six are the orders of the Mishnah; five are the books
of the Torah; four are the Matriarchs; three
are the Patriarchs; two are the Tablets
of the Covenant; One is our God in
heaven and on earth.

עֲשָׂרָה מִי יוֹדֵעַ? עֲשָׂרָה אֲנִי יוֹדֵעַ:

עֲשָׂרָה דִבְּרַיָּא, תִּשְׁעָה יַרְחֵי לֵדָה, שְׁמוֹנָה יְמֵי מִילָה, שִׁבְעָה יְמֵי שַׁבַּתָּא, שִׁשָּׁה סִדְרֵי מִשְׁנָה, חֲמִשָּׁה חֻמְשֵׁי תוֹרָה, אַרְבַּע אִמָּהוֹת, שְׁלֹשָׁה אָבוֹת, שְׁנֵי לֻחוֹת הַבְּרִית, אֶחָד אֱלֹהֵינוּ שֶׁבַּשָּׁמַיִם וּבָאָרֶץ.

אַחַד עָשָׂר מִי יוֹדֵעַ?
אַחַד עָשָׂר אֲנִי יוֹדֵעַ:

אַחַד עָשָׂר כּוֹכְבַיָּא, עֲשָׂרָה דִבְּרַיָּא, תִּשְׁעָה יַרְחֵי לֵדָה, שְׁמוֹנָה יְמֵי מִילָה, שִׁבְעָה יְמֵי שַׁבַּתָּא, שִׁשָּׁה סִדְרֵי מִשְׁנָה, חֲמִשָּׁה חֻמְשֵׁי תוֹרָה, אַרְבַּע אִמָּהוֹת, שְׁלֹשָׁה אָבוֹת, שְׁנֵי לֻחוֹת הַבְּרִית, אֶחָד אֱלֹהֵינוּ שֶׁבַּשָּׁמַיִם וּבָאָרֶץ.

שְׁנֵים עָשָׂר מִי יוֹדֵעַ?
שְׁנֵים עָשָׂר אֲנִי יוֹדֵעַ:

שְׁנֵים עָשָׂר שִׁבְטַיָּא, אַחַד עָשָׂר כּוֹכְבַיָּא, עֲשָׂרָה דִבְּרַיָּא, תִּשְׁעָה יַרְחֵי לֵדָה, שְׁמוֹנָה יְמֵי מִילָה, שִׁבְעָה יְמֵי שַׁבַּתָּא, שִׁשָּׁה סִדְרֵי מִשְׁנָה, חֲמִשָּׁה חֻמְשֵׁי תוֹרָה, אַרְבַּע אִמָּהוֹת, שְׁלֹשָׁה אָבוֹת, שְׁנֵי לֻחוֹת הַבְּרִית, אֶחָד אֱלֹהֵינוּ שֶׁבַּשָּׁמַיִם וּבָאָרֶץ.

Who knows ten? I know ten!

Ten are the Commandments of Sinai; nine are the months to childbirth; eight are the days to circumcision; seven are the days of the week; six are the orders of the Mishnah; five are the books of the Torah; four are the Matriarchs; three are the Patriarchs; two are the Tablets of the Covenant; One is our God in heaven and on earth.

Who knows eleven? I know eleven!

Eleven are the stars in Joseph's dream; ten are the Commandments of Sinai; nine are the months to childbirth; eight are the days to circumcision; seven are the days of the week; six are the orders of the Mishnah; five are the books of the Torah; four are the Matriarchs; three are the Patriarchs; two are the Tablets of the Covenant; One is our God in heaven and on earth.

Who knows twelve? I know twelve!

Twelve are the Tribes of Israel; eleven are the stars in Joseph's dream; ten are the Commandments of Sinai; nine are the months to childbirth; eight are the days to circumcision; seven are the days of the week; six are the orders of the Mishnah; five are the books of the Torah; four are the Matriarchs; three are the Patriarchs; two are the Tablets of the Covenant; One is our God in heaven and on earth.

שְׁלֹשָׁה עָשָׂר מִי יוֹדֵעַ ? שְׁלֹשָׁה עָשָׂר אֲנִי יוֹדֵעַ:

שְׁלֹשָׁה עָשָׂר מִדַּיָּא, שְׁנֵים עָשָׂר שִׁבְטַיָּא, אַחַד עָשָׂר כּוֹכְבַיָּא, עֲשָׂרָה דִבְּרַיָּא, תִּשְׁעָה יַרְחֵי לֵדָה,
שְׁמוֹנָה יְמֵי מִילָה, שִׁבְעָה יְמֵי שַׁבַּתָּא, שִׁשָּׁה סִדְרֵי מִשְׁנָה, חֲמִשָּׁה חֻמְשֵׁי תוֹרָה, אַרְבַּע אִמָּהוֹת,
שְׁלֹשָׁה אָבוֹת, שְׁנֵי לֻחוֹת הַבְּרִית, אֶחָד אֱלֹהֵינוּ שֶׁבַּשָּׁמַיִם וּבָאָרֶץ.

Who knows thirteen? I know thirteen!

Thirteen are God's attributes; twelve are the Tribes of Israel; eleven are the stars in Joseph's dream; ten are the Commandments of Sinai; nine are the months to childbirth; eight are the days to circumcision; seven are the days of the week; six are the orders of the Mishnah; five are the books of the Torah; four are the Matriarchs; three are the Patriarchs; two are the Tablets of the Covenant; One is our God in heaven and on earth.

חַד גַּדְיָא,
חַד גַּדְיָא

דְּזַבִּין אַבָּא בִּתְרֵי זוּזֵי, חַד גַּדְיָא, חַד גַּדְיָא.

וְאָתָא שׁוּנְרָא,

וְאָכְלָה לְגַדְיָא, דְּזַבִּין אַבָּא בִּתְרֵי זוּזֵי, חַד גַּדְיָא, חַד גַּדְיָא.

וְאָתָא כַלְבָּא,

וְנָשַׁךְ לְשׁוּנְרָא, דְּאָכְלָה לְגַדְיָא, דְּזַבִּין אַבָּא בִּתְרֵי זוּזֵי, חַד גַּדְיָא, חַד גַּדְיָא.

וְאָתָא חוּטְרָא,

וְהִכָּה לְכַלְבָּא, דְּנָשַׁךְ לְשׁוּנְרָא, דְּאָכְלָה לְגַדְיָא, דְּזַבִּין אַבָּא בִּתְרֵי זוּזֵי, חַד גַּדְיָא, חַד גַּדְיָא.

One kid, one kid

That father bought for two zuzim; one kid, one kid.

Came a cat and ate the kid

that father bought for two zuzim; one kid, one kid.

Came a dog and bit the cat

that ate the kid, that father bought for two zuzim; one kid, one kid.

Came a stick and beat the dog

that bit the cat, that ate the kid, that father bought for two zuzim; one kid, one kid.

וְאָתָא נוּרָא,

וְשָׂרַף לְחוּטְרָא, דְּהִכָּה לְכַלְבָּא, דְּנָשַׁךְ לְשׁוּנְרָא, דְּאָכְלָה לְגַדְיָא,
דְּזַבִּין אַבָּא בִּתְרֵי זוּזֵי, חַד גַּדְיָא, חַד גַּדְיָא.

וְאָתָא מַיָּא,

וְכָבָה לְנוּרָא, דְּשָׂרַף לְחוּטְרָא, דְּהִכָּה לְכַלְבָּא, דְּנָשַׁךְ לְשׁוּנְרָא,
דְּאָכְלָה לְגַדְיָא, דְּזַבִּין אַבָּא בִּתְרֵי זוּזֵי, חַד גַּדְיָא, חַד גַּדְיָא.

וְאָתָא תוֹרָא,

וְשָׁתָא לְמַיָּא, דְּכָבָה לְנוּרָא, דְּשָׂרַף לְחוּטְרָא, דְּהִכָּה לְכַלְבָּא,
דְּנָשַׁךְ לְשׁוּנְרָא, דְּאָכְלָה לְגַדְיָא, דְּזַבִּין אַבָּא בִּתְרֵי זוּזֵי, חַד
גַּדְיָא, חַד גַּדְיָא.

וְאָתָא הַשּׁוֹחֵט,

וְשָׁחַט לְתוֹרָא, דְּשָׁתָא לְמַיָּא, דְּכָבָה לְנוּרָא, דְּשָׂרַף
לְחוּטְרָא, דְּהִכָּה לְכַלְבָּא, דְּנָשַׁךְ לְשׁוּנְרָא, דְּאָכְלָה לְגַדְיָא,
דְּזַבִּין אַבָּא בִּתְרֵי זוּזֵי, חַד גַּדְיָא, חַד גַּדְיָא.

וְאָתָא מַלְאַךְ הַמָּוֶת,

וְשָׁחַט לְשׁוֹחֵט, דְּשָׁחַט לְתוֹרָא, דְּשָׁתָא לְמַיָּא, דְּכָבָה לְנוּרָא,
דְּשָׂרַף לְחוּטְרָא, דְּהִכָּה לְכַלְבָּא, דְּנָשַׁךְ לְשׁוּנְרָא, דְּאָכְלָה לְגַדְיָא,
דְּזַבִּין אַבָּא בִּתְרֵי זוּזֵי, חַד גַּדְיָא, חַד גַּדְיָא.

Came a fire and burned the stick

that beat the dog, that bit the cat, that ate the kid, that father bought for two zuzim; one kid, one kid.

Came the water and quenched the fire

that burned the stick, that beat the dog, that bit the cat, that ate the kid, that father bought for two zuzim; one kid, one kid.

Came an ox and drank the water

that quenched the fire, that burned the stick, that beat the dog, that bit the cat, that ate the kid, that father bought for two zuzim; one kid, one kid.

Came the butcher and killed the ox

that drank the water, that quenched the fire, that burned the stick, that beat the dog, that bit the cat, that ate the kid, that father bought for two zuzim; one kid, one kid.

Came the Angel of Death and slew the butcher

who killed the ox, that drank the water, that quenched the fire, that burned the stick, that beat the dog, that bit the cat, that ate the kid, that father bought for two zuzim; one kid, one kid.

וְאָתָא הַקָּדוֹשׁ בָּרוּךְ הוּא,

וְשָׁחַט לְמַלְאַךְ הַמָּוֶת, דְּשָׁחַט לְשׁוֹחֵט, דְּשָׁחַט לְתוֹרָא, דְּשָׁתָא לְמַיָּא, דְּכָבָה לְנוּרָא, דְּשָׂרַף לְחוּטְרָא,
דְּהִכָּה לְכַלְבָּא, דְּנָשַׁךְ לְשׁוּנְרָא, דְּאָכְלָה לְגַדְיָא, דְּזַבִּין אַבָּא בִּתְרֵי זוּזֵי, חַד גַּדְיָא, חַד גַּדְיָא.

124

Came the Blessed Holy One and slew the Angel of Death

who slew the butcher, who killed the ox, that drank the water, that quenched the fire, that burned the stick, that beat the dog, that bit the cat, that ate the kid, that father bought for two zuzim; one kid, one kid.

פיטר'ג (פיטר אוטאביו גאנדולפי) נולד בפרמה, איטליה. בוגר כימיה מאוניברסיטת רומא, 1970. מרצה לכימיה ועמית מחקר באיטליה ובישראל בשנים 1986-1972. ב-1982 השתקע בירושלים והקדיש את מרבית זמנו לציור, ומאז 1986 כל זמנו מוקדש לאמנות זו. תערוכות יחיד שלו נערכו בירושלים, ברומא, בתל־אביב, בחיפה ובפירנצה. גלריית ספראי בירושלים נותנת את חסותה ליצירותיו ובכל שנה מארגנת כתריסר תערוכות של עבודותיו ברחבי ארצות הברית.

(www.safrai.com)

שערי ספר בעיצובו של פיטר'ג ואיוריו התפרסמו באיטליה ובישראל.

אודות האָמָּן

דרך עיניו של ילד מציג בפנינו האמן את המסתורין הקסום של ירושלים. ההתבוננות שלו איננה מוגבלת לעולם החיצון אלא מחבקת גם את המסווה. כאמן הוא מודע לכך שהטכניקה חייבת לשרת את מטרתו, ומוצא את מקור השראתו בנבכי הנפש

הרב ברטי אקרט – מבקר אמנות, קיבוץ יבנה

הסְפֵרות שלו מרחפות באוויר בקלילות כמו בועות של סבון. הן מרחפות מעל לסמטאות, מעל לכיכרות הקטנות של העיר העתיקה, בבתי הכנסת, בספריות ואז שוב מעל לעיר, ממול לשקיעות, מבעד לאורות המתחלפים של הרקיע המיוחד – שמיי ירושלים. בציוריו העולם האמיתי מתמזג עם עולם הדמיון כנובע מחוק הטבע. כך מופיעה ירושלים כחלום קסום שהפך למציאות, מקום שבו נִסים מתרחשים יומיום

ד"ר לוציאנו טאס – לשעבר עורך כתב־העת האיטלקי יהודי "שלום"

משחקו העֲדִין בין הצורות והצבעים מזכיר את הפסוק הנפלא **בזוהר** שבו הצורות נרמזות מבעד לצבעים בלתי מוגדרים. כך המוטיב העיקרי של כל ציור הופך להתבוננות רגעית, למימד חדש גשמי ורוחני כאחד, המרגש אותנו כאילו נישאנו בבועותיו המתפוגגות

פרופ' אמדו לוי־ואלנסי – פסיכואנליטיקן ומרצה לפסיכולוגיה באוניברסיטת סורבון

PETER`G (Peter Ottavio Gandolfi) was born in Parma, Italy. He graduated in chemistry at the University of Rome in 1970. He was a lecturer in chemistry and a research fellow in Italy and Israel between 1972 and 1986. In 1982 he settled in Jerusalem, where he increasingly devoted himself to painting and, since 1986, he has been working as a full-time artist. His one-man shows have appeared in Jerusalem, Rome, Tel Aviv, Haifa and Florence. His artwork is currently being sponsored by the Safrai Gallery in Jerusalem, which organizes each year a dozen exhibitions throughout the States (www.safrai.com). Several book covers and illustrations by Peter'G have been published in Italy and in Israel.

About The Artist

It is through the eyes of a child that the artist introduces us into the magical mystery of Jerusalem. His vision is not limited to the outer world, but embraces also the concealed. He is an artist aware that technique must serve his aim. He finds the source of his inspiration in his soul.

— **Rabbi Berti Eckert**, art critic, Kibbutz Yavne

His spheres float softly in the air, just like soap bubbles. They hover over alleys, over little squares of the Old City, in shuls, in libraries and then again over the City, against sunsets, through the changing lights of a very special sky — the sky of Jerusalem. In his pictures, the real world is intermingled with a dream world, as if the result of a natural law. Thus Jerusalem appears as a magic dream turned into reality, a place where miracles are an everyday occurrence.

— **Dr. Luciano Tass**, former editor of the Italian Jewish magazine *Shalom*

His subtle play between forms and colors is reminiscent of the wonderful passage in the Zohar, where forms are being alluded to through colors not yet defined. Thus the central motif of each painting becomes a moment of reflection, a new dimension both physical and spiritual, in which we are moved as if carried by his evanescent bubbles.

— **Professor E. Amado Levy-Valensi**, psychoanalyst and Lecturer in Philosophy at the Sorbonne University